哲學課的逆襲

60堂探索人生意義、道德、世界與知識的思維課

美國紐約州立大學水牛城分校哲學博士 冀劍制 著

〈專文推薦〉

欣賞哲學問題的方便門

朱家安

「你覺得哲學是什麼？」在一個演講裡我這樣問大家。

有人舉手：「我覺得哲學是用思考來解決問題的過程」。

「但是這樣一來，好像沒有辦法說明哲學跟其他學科有什麼不一樣，不是嗎？畢竟所有學科好像都是用思考來解決問題的。」

「對吼」，大家很快發現這個問題不是很好回答。

事實上，這個問題真的不是很好回答。我有個老師每年都會為這個問題給一個新的答案，某一年他的答案是：哲學就是那種「研究『不但不知道答案是什麼，甚至不知道該怎麼找答案的問題』的學科」。

哲學是什麼？為什麼要讀哲學？冀劍制老師寫《哲學課的逆襲》，劈頭就挑戰這組艱難的問題，並提供了初步的刻畫：哲學的特色，是「在沒有確定性的系統裡尋找最大可能性」。哲學跟其他學科，例如物理學，差別在於，其他學科的研究者知道「有個標準答案存在在那邊」，只消找出來就行了，而哲學研究者，則通常沒有那麼大的信心。照冀老師的看法，因為處於沒有確定性的系統，哲學無法提供唯一正確的答案（更精確地說，在哲學做到這件事的同時，它也轉化成科學了），但就是因為處於沒有確定性的系統，哲學思考可以帶給人一些很特殊的東西。

身為哲學入門書，《哲學課的逆襲》好懂且流暢。冀老師蒐集非常多的生活案例，以議題的區分讓大家可以無痛進入並欣賞哲學家為哲學問題提供的分析和論證，並且不吝於透露自己的想法和立場。在這種鋪陳下，哲學討論看起來更具體，也好掌握。

哲學這條路，本書從「人生意義」開始走。這個問題大概是來哲學系面試的高中生關於「我過去想過什麼哲學問題？」答案的前三名。然而，對於哲學作者而言它其實不好處理，特別是還有一些家長擔心小孩讀哲學系會讀到自殺的時候。冀老師從幾種常見的人生意義分析起頭，說明它們吸引人的地方，以及可能會遇到的困難，並帶入自己的點子：關於人生意義的知識，有可能是一種實踐式的知識。

當然，你不需要因為他把這個點子安排在一連串互相比較的理論的最後面，就認為那是最正確的。對於冀老師在其他章節展現的作者意見，也是一樣。具備好奇心的哲學讀者，應該抱持批判的心態讀哲學書。對於這種持有健康批判態度的讀者，冀老師給你很大的方便：在書裡，不管是他自己的看法，還是哲學家的看法，都被他刻畫得很清楚明確，讀者可以很容易嘗試整理書中論述的邏輯結構，並反思當中的可能問題，以及其他的解決方案。如此一來，我相信，你就更有機會體會到，哲學思考帶給人的特殊禮物。

（本文作者為簡單哲學實驗室創辦人）

〈專文推薦〉

學習哲學思辨，面對未有定論的世界

林正弘

「哲學」一詞源自兩個希臘字 philos（愛）和 sophia（智）的合併，顧名思義應涵蓋一切知識。事實上，亞里斯多德的著作確實包含當時的眾多議題和知識，諸如：運動定律、天體運行、物質的種類與形式、磁鐵、時間與空間、因果關係、世界的變遷、幾何、靈魂、感官知覺、想像、記憶、思想、政治、道德、快樂、友誼、修辭與詩、邏輯、尼羅河、奧林匹克運動會、各種動物的身體構成物質、體內外器官及整體結構、生活習性、及其與外在環境的關係等等。這些知識經過兩千多年的探索與爭論，逐漸發展出各種不同領域的學科，各有其自己的研究方法及系統性的理論結構。但仍有非常多等待解答的議題和人類想要獲得的知識，未能構成有系統的理論或發展出合適的研究方法，因而未獨立成為特定領域的學科，或納入已有的學科之內。這些各學科之外的議題或知識仍然是「愛智者」追求的對象，而保留在「哲學」一詞所涵蓋的範圍之內。但這並不表示哲學的內容不能分門別類，也不表示其所常用的各種探討方法沒有一些重要性質。

按照傳統的分類，哲學內容包括三大領域：形上學、知識論和價值論；當代哲學則有更細密而複雜的領域分類。這些未納入各獨立學科之中的內容，有許多與我們日常生活中的實際問題或其他學科中的理論問題息息相關。許多人認為哲學是不切實際的空思冥想或純粹的概念遊戲，這是嚴重的誤會。我們不容易預知在實際生活或求知過程中，會牽涉到何種哲學議題。因此，哲學的入門讀物雖然無法介紹大部分哲學議題，但最好能夠照顧到主要領域，不要有所偏頗。本書內容，除了包含傳統的三大哲學領域之外，還介紹許多當代哲學的重要領域，頗能符合各種不同背景的眾多讀者之需求。

哲學的探討方法偏重想像、概念分析、推理等較抽象的思考方式。這種哲學思辨方法不同於注重實驗、觀察、演算的自然科學方法，也不像社會科學及其他人文學科慣常使用的田野工作、問卷調查、訪談、閱讀書面資料、統計等接近實證科學的方法，因此不像其他學科會有共同接受的暫時定論。其實，在實際生活中或求知過程中，往往會遇到類似哲學議題那樣無法得到定論的情況。我們需要學習哲學的思辨方法，能夠在證據不充分、缺乏明確規則或普遍定律的情況下，設想各種可能的解答，並做最合理的判斷和選擇。這種理性思考、明辨是非的能力，是一般大眾必須具備的，並非哲學界的專利。本書在這方面特別用心，不論議題的引介、概念的分析、論證的鋪陳，以及互相對立的學說之比較和評論，都相當細密而深入，能啟發讀者自行思考，不同於淺嘗即止的通俗讀物。

本書作者冀劍制教授早年獲美國紐約州立大學哲學與認知科學博士學位，在哲學專業領域的研究及教學表現出色。他同時關心哲學的推廣教育，除了在大學長期講授哲學、邏輯及批判性思考等正規課程之外，也在校外從事有關哲學的各種通俗教學及演講，並撰寫大量教本和文章。本書是他累積多年經驗的結晶，一方面細密而深入的引介廣泛的哲學領域及議題，內容的廣度與深度相當於一般大學「哲學概論」正規課程的水準；另一方面以淺近易懂的方式及流暢的文筆，引導初學者步入哲學的殿堂，而無晦澀難懂的弊病。本書是嚴謹深入的課本，也是親切有趣的通俗讀物。

（本文作者為臺灣大學及東吳大學退休哲學教授）

〈專文推薦〉

致廣大，盡精微，勇敢向前行

張國一

無疑的，劍制兄又寫了一本精采、清晰、極具可讀性的哲學入門佳作！

我極為佩服的地方，是本書共分六篇、六十七個哲學問題，作者都做了極為精細、清晰的思考建構。你閱讀每一個哲學問題、哲學理論，大略，都非常清晰、明白。對一個初次接觸哲學的讀者來說，這本書，太適合你們閱讀了。大略，你可以極省力，在很短時間內，將六十七個最重要（涵涉東西方）的哲學問題，做一個明確的理解、掌握，剎那間，優游觀覽了（古今）哲學海一遭，說來，也算一件不可思議的事情了！

不只是初學者，即便是哲學老手，你閱讀此書，都會感到驚訝！作者將各種哲學理論、思考，講說的真清楚呀。過去許多不見得讀懂，輕率放過去的問題，在這裡，都被清楚討論、呈現，令人耳目一新！讀一般哲學書，往往有顢頇攏統、理路欠明的問題，本書，卻只是一個明確、清晰。這足見作者思考之勤，用功之深，智慧明白洞達，常人難及。

哲學到底是什麼？就我自己的淺見，我以為哲學就是追求終極知識的學問。打破砂鍋問到底，必將終極的真相，找出來！這難免有些不切實際，往往走進高玄！但人類的文明，不就是這樣，一步一步，走出來的嗎？

今日的科學，他仍要追根究柢，大略，這還是一種哲學的態度吧！

不過，作者寫作此書，他主張：「科學是在一個有確定性的知識系統中尋找解答；而哲學卻是在一個沒有確定性的系統中尋找最大可能性。」這是一個「當代較為狹義」關於「哲學」的定義。

從這樣的角度切入，哲學思考，大略，就是透過一種合理的思考，去面對「沒有確定性的系統」的（六十七種等）宇宙、人生問題，去「尋找最大可能性」的理解。

大略，這是一種崇尚、信賴理性思考的基本立場吧。人有理性一大利器，自肯之，向前奮鬥，向前冒險，自能得到宇宙、人生諸「沒有確定性」問題，「最大可能性」之解決。

哲學家，就劍制兄來說，就是一個揮舞著理性之劍，向未知人生，勇往直前，探險進知的勇者吧！

本書，大略即作者，揮其理性、邏輯之劍，面對六十七個哲學問題，加以深剖，探險解祕，呈現出之結果。這絕不是一般「文抄公」的作品，六十七篇小文，皆為作者深思、抉擇、建構起來精心之作！

這也使我們明白，何以此書可以寫得這樣清晰、精明了。

本書所處理的問題，不僅僅西方哲學之議題爾，也包含了東方儒、釋、道思想。在最後第六十七個問題：「結尾：求道的哲學」，作者借一尾令人難信可笑的「龍」，比喻宇宙之「道」。作者的立場，許多人或以為那是可笑、不存在之物，但哲學家，不妨更有好奇心一點，或者，「知之為知之，不知為不知」，應更謙卑一些。何妨，向前探索、追尋之呢！

這可見作者心胸之廣大了！他借理性之利劍，深剖東、西，乃至宇宙之道！這是一幅：致廣大、盡精微，窮通古今中西，超級劍客的圖像了！

當然，我難免還是疑惑：理性真有這樣巨大的力量嗎？在第五篇知識論中，作者指出，透過理性思考，我們對於「自由意志」、「他人心靈」、「自我」，竟都難證明其存在！

理性，尚未犯難冒險前，是否已先把自己搞成寸步難行？

理性，大略，應有其「自知之明」吧！但「自知之明」，有可能搞成畫地自限、自廢武功，「哲學」慧命因此喪失。在我，我是無所謂的！在某些情況下，把「哲學」放下，未必不是人生一條愉悅的出路。

此外，作者難免有點主張，應借哲學、理性，思考以面對生活的意思。這，我並不反對，只是，根據我的經驗：生活，感性、直覺、意志力等，實與理性為同等重要。他們皆為「我」之一種功能，可兼重、自然用之呀！

不過，我這有些學藝不精，三流劍客，自我開脫的意思了。真正的哲學劍客、鬥士，應如劍制兄這樣的。實在，我知道他還有更大的志願：藉由理性、哲思，淨化私心、非理性，以提升人類社會。諸君讀此書，都必要受他這些心意的感動、感召了。

這是一本豐富、清晰、精微、廣大的哲學入門佳作，推薦給您，絕不可以錯過！

（本文作者為真理大學通識中心人文社會學科專任副教授）

目錄 CONTENTS

第 2 篇 人生哲學：人生的意義是什麼？

第3篇

倫理學：為什麼我們要有道德？

第 4 篇

形上學：這是個怎樣的世界？

第5篇

知識論：如何才能確認我的知識是對的？

第6篇

其他哲學領域

後記

〈作者序〉
迎接哲學的新時代來臨

在人生中的某一個時刻，有些人會有一個思想上的大轉變，開始關心一些原本不會去想的問題。或許每個人都有這樣的變化，只不過不一定會讓別人知道。有時是怕被嘲笑，有時是自然忽略了，有時則是覺得跟凡夫俗子沒什麼好說的。

我當時認為這樣的轉變很酷，對事物開始有了更深刻的感觸，還讓我的文字活了起來。順著它，我開始閱讀哲學。雖然對哲學產生興趣的時間很早，但並沒有立刻選擇哲學系（當時要唸的五專也沒這個選項），而是從機械、電子、資訊，開始我的人生學習之旅。

一九九三年，我從台大哲學系畢業，到中正大學哲學研究所成為第一屆研究生。當時正是網路ＢＢＳ開始在校園流行的時候。為了希望讓哲學更普及，以及希望能多和別人討論哲學問題，我在台大椰林風情站成立哲學版，以 Taoist（現代道家）為代號，擔任第一任版主。

當時熱中ＢＢＳ的大多是理工科學生，在哲學版討論哲學的也大多是讀理工的哲學愛好者。可能是因為我在讀哲學之前也是理工背景的緣故，所以對話起來倒不會很困難。從那時起，我就嘗試盡量不使用專有名詞談哲學。

即使盡可能不使用哲學術語，誤解的情形還是很嚴重，當時我深刻體會到語言多麼容易產生誤解，而精確的表達一個看法多麼不容易。尤其當時我中文打字能力很差，寫篇兩、三百字的短文可能要花上一個多小時，當誤解發生時，那種挫敗感可想而知。

那幾年間，活躍在那裡的有讀物理、生物、文學、數學、電腦科學以及心理學的等等，這樣的討論正好可以立基在當前已知的各種知識之上，繼續向未知領域邁進，而這也剛好就是哲學的原始目的與使命。

在多年的網路討論中，為了要對非哲學系網友解釋哲學理論，我總得想些「非主流」的方法。有時很成功，有時卻造成更大的誤解。就在多年的嘗試下，我漸漸領悟到並非所有哲學內容都需要提起，說的東西多了反倒會製造理解的障礙。如果每次都只談必要的內容，而且每次都只針對一個問題來討論，只要網友不是存心找碴，大多能達成共識。

尤其我發現，想學些哲學的人常常陷入專有名詞的迷霧中，在其間摸索而不得要領，事實上，那些專有名詞可能是哲學裡最不重要的東西。真正重要的是開拓眼界的突破性觀點，以及哲學思考能力，而這些並不需要專有名詞的輔助。專有名詞的價值純粹只是為溝通方便而設的。在這本書裡，我將盡可能的使用日常語言，雖然還是會介紹一些必要的哲學術語，但在使用前都會說明其意義。如果在囫圇吞棗的閱讀後，發現不瞭解的專有名詞出現，很可能是漏讀了某些章節，最好回頭讀完遺漏的部分，再繼續前進。如果我意外遺留了一些缺乏說明又難以消化的詞彙，建議先到網路上查閱，盡量不要讓一個怪胎阻礙了閱讀。

這本書從開始到完成，歷經了很長的時間，也由於諸多的因緣結合，才終於能夠問世。最初的草稿，是我在美國唸博士班的最後兩年開始動筆的，當我完成博士論文的草稿後，經常處在等待指導教授回覆的空檔，有時會超過一個月。而修改過後再交出去，也要一個月後才會有回音。在這等待的時間裡，我嘗試將這些年來所吸收的哲學精華，以簡單的文字寫出來，可以讓人省去在書海裡迷失的過程。這期間累積的字數其實相當可觀，但不是每個部分都寫得夠好，或適合放進這本書裡，整體來說也很雜亂。畢業後回國教書，忙著準備各種教材、做新的研究，無暇回頭持續這個使命。

幾年後，直到原本教哲學概論的老師退休，有機會接下這門課的同時，才重新啟動這個計畫。當時三民書局也正好找我合作寫一本哲學概論教科書，於是我一鼓作氣，在一年內終於將它完成了。完成後，我將這本書給幾個哲學界的朋友試讀，看看有沒有什麼我忽略的大問題，所獲得的回音很令人激奮，大多非常肯定，認為這是真正通往哲學世界的最短捷徑。

然而，我所完成的，卻不是三民書局所期待的教科書，而是一種鑲著教科書外殼的哲普書。由於我很喜歡這本書原本的寫法，不願大幅修改，而且裡面有著過多的個人詮釋，也不適合其他老師使用，所以我當時決定重寫，嘗試完成一本適合其他老師教學的書籍。而這本書，就只好繼續蟄伏了。

待三民教科書出版後，曾經讀過此書稿的朋友和學生紛紛關心起這本書何時可以問世？於是我提起精神，再度修改它，脫去教科書的外殼，讓它完全蛻變成哲普書的模樣。很高興修改過後獲得商周出版的青睞，並且還建議添加圖片讓內容更生動，也非常感謝畫家彩蘋的傳神繪筆，讓某些趣味思考，溢於言表。

近年來，理性分析的哲學在台灣逐漸興盛起來，市面上對哲學新書的渴望，大到不可思議，顯然一副迎接哲學新時代來臨的氣象。而臉書的崛起，也同時讓我們看見大批理盲群眾的譁然。這兩股勢力，正在台灣社會正面交鋒，究竟誰將獲得冠冕，占領輿論的領地？期待這場「哲學課的逆襲」，能為此戰役添加生力軍，在更嘹亮的戰鼓聲中，一舉掃除文化中的理盲痼疾。

完成這本書，也完成了一個長久以來的心願。感覺上，好像又把心中一塊大石給放下了。寫作期間，我獲得很多協助。有些問題請教過去的老師們，希望能寫的更好。尤其感謝台灣大學的關永中教授，在病中仍樂意提供協助。有些學生的讀後心得也協助我修改的更易閱讀。另外，感謝成功大學人文社會科學中心的甘偵蓉博士以及真理大學通識中心的張國一老師，針對原稿仔細閱讀，並提出很有價值的建議。

希望這本書的完成，可以幫助更多對哲學有興趣的人，進入這個思想的新世界，展開探險，尋找傳說中的思想寶庫。

冀劍制

二〇一六年底，於石碇華梵大學哲學系

第 1 篇

哲學是什麼？

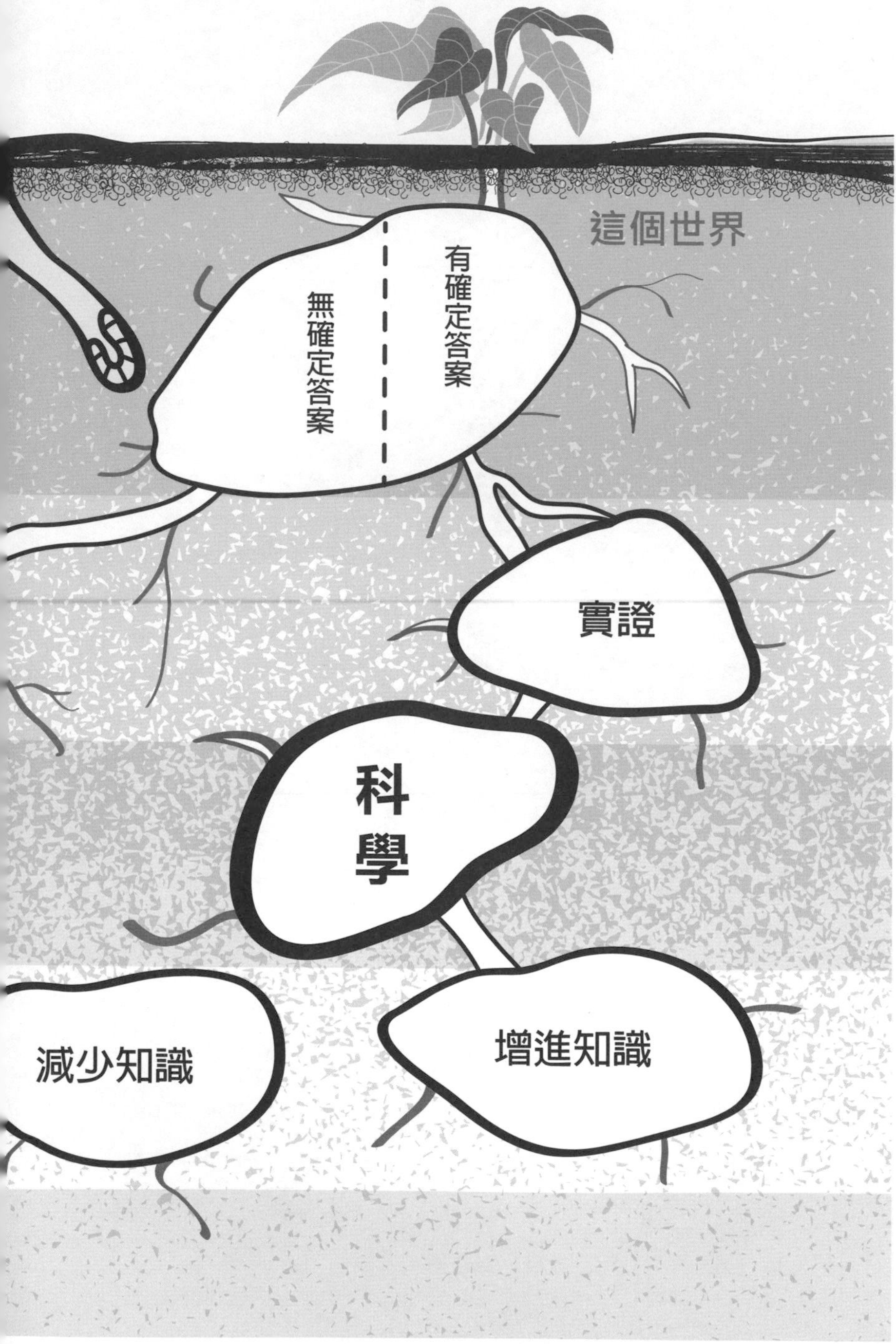
這個世界
有確定答案
無確定答案
實證
科學
減少知識
增進知識

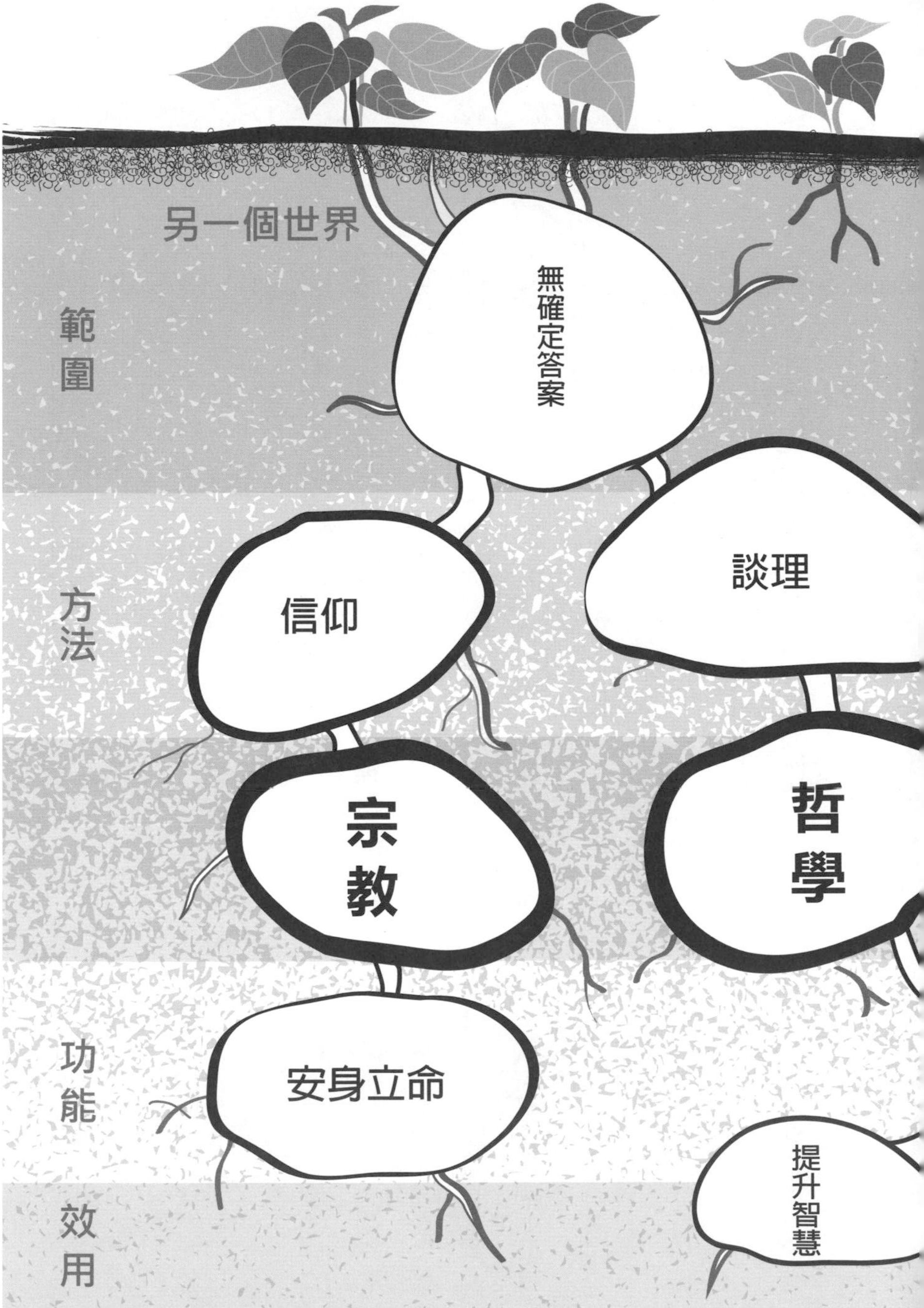
另一個世界
範圍
方法
功能
效用
無確定答案
信仰
談理
宗教
哲學
安身立命
提升智慧

1 為什麼要讀哲學？

如果不是哲學系學生，或未來沒有打算要成為哲學家，那麼，唸哲學做什麼呢？最常見的答案是，「讀哲學對思考有幫助。」這個答案當然是對的。但是，很多人讀哲學的方式卻對思考一點幫助都沒有。試問，就算你知道一百個哲學家的名字，背了一百個專有名詞，甚至還讀了一百個理論的名稱、簡介和哲學家名言，這些東西雖然可以在談話中增添很有學問的風範，但對思考有什麼幫助呢？當你翻開一本根本看不懂裡面寫些什麼的書，雖然放在書架上很威風，但這又對思考有什麼幫助呢？

哲學無法「增加」你的知識

或許，有人會說，「唸哲學的主要目的在於增加知識。」但是，我卻要說，「這是錯的！」哲學理論基本上不會讓你增加知識，尤其不會告訴你任何關於世界真相的學問。想增加知識，應該去讀科學。任何一門科學都有著豐富的知識等待我們去吸收。一個不懂任何哲學理論的人，說起話來或許少了點深奧的氣息，但完全無損其豐富的知識涵養。在獲取知識的目標下，哲學，不懂也罷。

事實上，哲學不僅無法增加你的知識，還很可能會減少你的知識，尤其是那些你認為很確定的知識。而且，如果哲學無法減少你的知識，那你的哲學就白唸了。「減少知識」，反而是唸哲學的重要目的之一。

什麼叫做「減少知識」呢？簡單的說，就是把你原本確定認為是對的東西、可以滿足的解答，變得愈來愈少，少到你甚至無法確定任何事物的是非對錯。而且還可以更少，少到你原本藉以用來認識事物的原則，甚至預設，都可以動搖。當然還可以再更少，少到你連「自我」都可以不確定「它」的存在。這怎麼可能？如果沒有了「我」，是什麼在懷疑？是什麼在不確定？你甚至可以開始不確定究竟是不是真的有「懷疑」這一回事。那麼，這種哲學究竟有什麼用呢？

有的，這就是自古以來一直被人歌頌的，稱之為「智慧」的東西。智慧，讓人更深刻的觀看一切，當哲學帶領我們進入一切知識最根源的地帶，我們將蛻變成另一種類型的思考者。

哲學思考有何特點？

或許由於哲學的名聲太響了，近年來，許多科學家紛紛表態對哲學的輕視。「不需要哲學理論，科學研究照樣做的好！」「不需要哲學的訓練，思考能力一樣沒問題。」從我（一個同時具備科學與哲學訓練背景）的角度來看，這兩個觀點都是對的。做科學研究，不一定需要任何哲學基礎。做科學上的思考，也可以完全不需要哲學的思考能力訓練。既然如此，哲學究竟對思考有什麼幫助呢？有什麼非得讀哲學的理由嗎？答案是，看你要思考些什麼。

做科學思考，我們站在一些確定的知識基礎上，從這些點出發進行假設、設計實驗，並且證實這個假設，最後獲取科學研究成果。訓練這種思考能力，並不需要特別去讀哲學。科學方法的訓練就足夠了。有些哲學理論對尋找假設，或是建立衡量標準有幫助，但這樣的機會並不多，需要時再學即可，不用特別為此讀哲學。那麼，哲學究竟對什麼樣的思考有幫助呢？

科學思考方法與哲學思考方法的最大不同點，在於使用時機與目標的差異。科學是在一個有確定性的知識系統中尋找解答；而哲學卻是在一個沒有確定性的系統中尋找最大可能性。哲學探討的議題大多是沒有「正確答案」的。這並不是說，哲學無法找到正確答案，而是在人類知識發展中，一旦某些哲學議題開始能夠產出正確答案，開始從不確定的系統轉變成有確定性的系統時，這個領域就即將脫離哲學而自成一門新科學。

哲學永遠繼續挑戰那些仍舊處在沒有答案狀態的問題。所以，如果想要學習知識、想要知道答案與真相，要學的是科學，不是哲學。但如果有一天，你突然很想解開某些目前根本沒有答案的問題，像是追問人生意義，那麼，你或許會開始走進哲學領域。最初，你會想要藉由閱讀哲學來獲得答案，就像許多以第一志願進入大學哲學系的學生一樣，但是一段時間過後，這些人大多會感到很沮喪，因為書本裡面沒有真正令人滿意的答案。所以，你也不用想藉由讀哲學去發現答案，因為，這裡沒有答案，或者，你會看到一大堆答案，但可能沒有任何一個能讓你完全滿意。

這種情況使得某些人放棄哲學，但也有些人乾脆開始自己找答案。這個心態的轉變同時造就了不同的處境。哲學雖然不能給你答案，但在你尋找答案的過程中，哲學會供給你無限的能量，讓你在無邊無界的思想世界裡任意遨遊。

在不確定中尋找最大可能性

讀哲學，自己必須化身成為哲學思考者，透過一種很特別的思考方式，這種思考方式協助你在沒有任何正確基礎上建立一個最大可能性。如果你的目標是要尋找（對你來說）最可能的答案是什麼、最能說服你的答案是什麼，那麼，你找對地方了，哲學這塊大地等你來耕耘與收穫。

哲學思考方式，完全不同於日常生活中，我們已經習慣的任何一種形式的思考方法。沒有透過哲學思考訓練，很難學會這樣的思考模式。雖然很少人具備這種思考能力，但是，這種思考能力是面對日常生活非常重要的能力，每一個人都應該具備，只不過大多數人都不知道它的價值。日常生活中的大多數事情，其實都是在一個沒有確定性的基礎上做選擇，像是大學該唸哪個科系、是不是該換工作了、到底要不要嫁給他、怎樣跟孩子溝通等等。這些問題都沒有一個正確答案，我們通常只是訴諸一些簡單的推理、朋友的建議，或是不知從哪裡獲得的輕率知識就做了抉擇。大多數人不知道，原來哲學思考可以在這些地方發揮很大的功效。

通常必須等你意識到，自己正對某些沒有確定性解答的問題感興趣時，哲學理論的價值才開始浮現。雖然這些哲學理論或許無法給你滿意的答案，但是，它們可以讓你在這個沒有確定性的世界中拓展眼界，讓你較容易找到一個滿意的棲身處。

事實上，整個世界都處在一個不確定的系統中。沒有任何一門科學的確定性是真的確定的。任何科學的確定性也都只是暫時的，只有那些完全不理會或看不見這個事實的科學家們會輕視哲學。對於走在理論最頂端的科學研究者來說，他們通常也都進行著哲學思考，探索世界的最終真相，思考著我們習慣接受的一切科學預設是否全錯了？而這類問題本身，是沒有一個確定性基礎可供參考的。

探索思維的新世界

哲學思考，像是一場冒險。我們企圖藉由前人研究的成果，繼續向前，走進人類尚未開發的思維世界，我們永遠無法預期會在那裡發現什麼。如果你找到一些很有趣的東西，並且將這個思路地圖寫下來，讓其他人也可以跟隨你的足跡，探索那個新世界，那麼，你就成為一位對人類思想有貢獻的哲學家。

讀哲學，必須是一個探險者，如果你對這種探險沒興趣，那各種哲學理論也不會對你有什麼價值，建議放下這本書，去翻閱其他對你更有意義的書籍。這座思想花園裡只有疑問，沒有任何確定的答案，到此一遊的結果只會空手而回。然而，如果你對這樣的探險有興趣，那麼，就讓我們繼續往前走，讓我先帶你參觀這個哲學的思維世界，並且教你如何打開新視野，踏上人類尚未開發的思維領域，成為一個探險者，就有機會挖掘思想中的寶藏。

2 哲學的主要特點是什麼？

哲學最大的特點在於其思考方法，而哲學思考方法最大的特點是「在一個沒有確定性的系統中，尋找最大的可能性、最合理的答案或是最好的抉擇。」

思考沒有標準答案的問題

在日常生活中，我們所面臨的大多數抉擇並沒有正確答案，都是在一個沒有確定性的系統之中。無論是要選擇大學科系、工作種類、愛情的歸宿、甚至猶豫要不要回一通未接來電，都沒有一個正確解答，也沒有所謂正確的決定。但由於我們不清楚如何在不確定的系統中尋找最佳抉擇，因此，我們把所有問題都當作有正確答案在思考，誤以為只要想得對，就一定有最好的結果。所以，一旦產生好結果，就以為是正確的抉擇與正確的思考；萬一不如人意，就以為全錯了。但事實上並不是這樣的。

依據最好的思考，找到最佳抉擇，不一定有完美的結局；藉由不好的思考與抉擇，也未必導致不好的後果。這是機率的問題。愈能常常靠向最佳思考與抉擇，成功的機會自然愈高。當我們首先認清這種不確定性系統時，才有能力開始學習如何在這種知識基礎上思考。

以「情歸何處」來說，到底要不要跟某個追求者交往呢？這個提供選擇的知識系統表面上看似簡單，我們通常會把它當作一個有確定性的系統來看，因此認為：

這只是「要」或是「不要」的決定。如果決定交往，則會產生X結果，如果不交往，則會產生Y結果。如果X結果比Y結果好，決定交往就是正確抉擇，反之則是錯誤抉擇。

但是，這個思考方式卻是設定在一個太過簡化，而且與事實不合的基礎上。這個問題裡面還牽涉到的因素是，如何交往、交往後對方可能有哪些反應及改變、不交往的話還有哪些選項、雙方感情種類如何、能持續多久、個人重視的與追求的生活方式是什麼，以及未來想法是否會改變等等。這些複雜因素，都會讓問題必須近一步仰賴未來不確定因素的變化，而產生不同的結果。也就是說，在抉擇的當下，未來的好壞尚未被決定，在抉擇過後的每一刻、每一個行為、言談、書信往來、甚至（自己及對方）與其他人的關係變化等等都影響著結局的演變。所以，我們根本不可能在這一刻找出一個確定性的解答。

但是，也不能因為沒有正確抉擇，我們就可以隨便做一個選擇。許多人認為，「反正還必須依賴未來的變化，那就隨便做一個選擇，聽天由命吧！」這種觀點也是錯的。因為多數人不知道要如何在這種不確定系統中思考，所以乾脆交給命運去安排。然而，這些所有的不確定因素仍舊有脈絡可循。裡面牽涉到的人性與關係變化雖然不會依據一定的定律在運作，但仍然有相當程度的可預測性。當我們盡可能找出各種影響因素，並且把握這些變動因子，我們就可能找出一個最佳策略、最佳抉擇、最大的可能性以及最合理的解答。而這就是哲學思考最大的特點。

「誰吃了大肥魚？」的推理

舉一個有趣的例子來說：

古時候某個員外布置了一個大花園養了三種貓，分別是黑貓、黃貓以及白貓。這三種貓各自成立了屬於自己的組織，並且互相對抗，形成貓花園三國時代。白貓數量最多，總共有十隻，黃貓三隻，而黑貓只有兩隻。有一天，員外廚房裡準備宴請皇上的大肥魚在夜裡不見了，隔天早上在貓花園的正中央發現魚骨頭。雖然事態嚴重，但沒有任何貓指出罪犯，也沒有任何貓承認犯行。請問，大肥魚究竟是被哪一種貓偷的？

這個問題不同於大家習慣的邏輯推理遊戲。邏輯推理遊戲通常有正確答案，可以藉由正確的思考找出正確的解答。也就是說，一般的邏輯推理遊戲事實上是屬於具有確定性系統中的問題，但這個問題顯然屬於沒有確定性系統的問題。它無法藉由現有資料找到正確答案，我們只能沿著合理性去推測，目標則在尋找最合理的解答。那麼，我們看看該如何思考這類問題。

員外把家裡所有會哲學思考的讀書人找來，要他們判斷究竟是哪一種貓犯下這個重罪。

首先發言的A說：「由於三種貓互相敵對，應該不會合作，進入廚房叼出大肥魚而又不被發現其實很不容易，一定是通力合作完成的，而白貓數量最大，只有白貓群能完成這個工作，所以一定是白貓幹的。」

哲學思考的方法之一，是從前人的推理中尋找疑點，再藉由解決疑點的過程，發展新的理論。因此，B說：「由於案情發生在晚上，夜間白貓顏色太明顯，如果是白貓通力合作偷的，那麼一定會被人發現，所以，A的解答顯然是不合理的。那麼，最有可能的應該是黑貓，黑貓在夜間偷魚比較不會被人發現，而且既然兩隻黑貓就足以對抗十隻白貓，形成三國鼎立的局面，這表示黑貓身手矯健，偷魚應該不成問題。所以，應該是黑貓幹的。」

B的理論顯然比A更有說服力，這就讓這個問題的最大可能性往前推進一大步。但是，C有不同的見解，他說：「我們可能都被誤導了，以為魚骨頭落在貓花園就一定是貓偷的魚，事實上，就算黑貓在夜間比較不容易被人發現，卻很難逃得過其他貓的夜視能力，如果真的是黑貓偷的，其他貓應該會發現，而且由於他們處在敵對狀態，所以，一定會舉發。因此，根本不是貓偷了魚，而是某個人偷了魚，卻把魚骨頭丟到貓花園要嫁禍給貓。」

不斷尋找更合理的解答

由A、B、C三個人的理論，我們可以發現，首先需要有人提出一個合理的解答，而後經過思考找出這個理論的缺點，再針對這個缺點提出更合理的理論，由此不斷的演變，我們可以獲得愈來愈合理的解答。直到無法再進一步突破時，這個問題的討論就會暫時劃下休止符，等待未來出現更多證據或更有突破性的思考時，才能有所進展。

例如，出現了新的證據。D發現三隻黃

貓其實不足以抵抗十隻白貓與兩隻身手矯健的黑貓，之所以形成三國鼎立的局面是因為，黃貓很聰明，他們有時聯合白貓對抗黑貓，黑貓就會落下風。有時又與黑貓合作對抗白貓，白貓就會出現危機。所以，無論是黑貓或是白貓，都不敢得罪黃貓。因此，D認為，如果偷魚的是黃貓，那就可以合理解釋為什麼沒有貓出來指認罪犯。而且，D認為不會有人為了吃一隻大肥魚而干冒殺頭的重罪，所以，D認為C也是錯的，而真正的偷魚賊是黃貓。

這個新證據加上一個好推理，讓D占了上風，成了最高合理性的理論。如果沒有其他新證據出現，也沒人能想到更合理的理論，那麼，這個爭論就只能繼續等下去，暫時由D提出的「黃貓論」站在合理性的頂端，但仍然不是一個確定性答案。或許，當有大哲學家出現時，便能找到更具有突破性的思維角度，重啟新的戰局。

如果我們對於思考這個「究竟誰偷了魚」的問題興趣不大，也不想追究，只想知道答案。那麼，當我們讀了這些理論之後，會有茫然若失的感覺，「究竟是誰偷了魚啊？答案究竟是什麼？」許多讀哲學或是聽哲學演講的人，大概都會有這樣的感覺。沒有答案！感覺好像被騙了，搞了半天，完全沒有收穫。這就是前面我說的，想要直接從書中獲取知識的人，不適合讀哲學。

哲學思考的樂趣

但是，如果你對思考這類還沒有確定性的問題感興趣，想要做一個探索者，繼續找找看是否有更合理的答案，甚至嘗試從沒有確定性的系統，轉變成一個有確定性的系統，進而終結一個哲學問題。那麼，你就會開始欣賞各種哲學理論，並且發現哲學思考的樂趣所在。

我想，藉由這個例子，大家現在應該已經大略掌握了什麼叫做有確定性的系統，以及沒有確定性的系統的差別，也把握了哲學思考最大的特點了。現在，我們來討論一下，哲學究竟是什麼？

3 哲學究竟是什麼？

「哲學是什麼？」這個問題大概是所有跟哲學相關的問題中，最常被問到的其中一個。（另一個大概就是「人生的意義是什麼？」）雖然最常被問，但答案也是五花八門，不同人往往有不同的回答。雖然答案有千百種，但有趣的是，無論哪一個都無法讓問話者滿意。理由很簡單，因為問話的人通常期待藉由簡單幾句話，讓他從不知道哲學是什麼，轉變成知道哲學是什麼。但是，這個期待一定會落空，因為這是不可能的。

三言兩語解釋不清

之所以不可能，並不是哲學有什麼奇特之處，因為大部分其他學科也沒有這樣的定義。試想一下，如果有一天你遇見一個在山裡長大從沒上過學的人，他問你對什麼有興趣，你回答「數學」。這時他再問你，「數學是什麼？」你是否有可能在幾句話中，讓他從不知道數學是什麼，變成知道數學是什麼呢？不可能的。

我們對數學的認識來自於多年的學習過程，這個過程累積出一種對「數學」的整體觀感，藉由這整體的觀感，我們建構了一個關於「數學」的概念，當我們企圖要表達這個概念時，會突然感到語塞而說不出話來。理由很簡單，因為這種知識屬於「難以表達的知識型態」。雖然自己很清楚知道那是什麼，卻難以說明清楚。因為裡面牽涉到一些屬於能力的知識，就像多數人知道如何騎腳踏車，但是要跟不會騎腳踏車的人說明這個知識時，我們便會感到不知從何說起，而且怎樣也說不清楚。這種長年累積的關於數學的思考（計算）方法、哲學的思考方法，逐漸形成一種默默領會的能力與知識，當要解釋的概念混雜著這種無法說清楚的東西，而這樣的能力還是整個概念的核心時，我們便不知該如何開口了。

此外，用以描述各種學科的概念除了包含這種能力之外，還牽連到許多可以說清楚的各種知識，藉由這些知識的說明，可以逐漸讓一個人慢慢掌握這個概念，但由於知識量過於龐大，也不是短時間內可以講完的。所以，雖然「哲學」和許多其他學科一樣，難以對不知道的人表達清楚，但也並非完全無法表達。我們還是可以一點一滴慢慢說出來，達到某種程度的理解。只不過，不要期待有那種簡單幾句話就可以知道哲學是什麼的定義，因為根本就沒有這種東西。但只要多一點耐心，仍舊可以在這一小篇章中，大略領悟哲學是什麼。

哲學的原始意義與現代意義

哲學的原始意義其實就是「了解真相的一門學問」。從這個角度來說，任何探索真相的學問都可以稱之為哲學。在西方世界，研究真相的博士學位都叫做哲學博士（Ph. D.）。雖然有好幾種不同的博士學位，像是研究醫學技術的醫學技術博士（M. D.）；研究教育方法的教育方法博士（Ed. D.）。但是，研究疾病成因等關於事實真相學問的學位，稱為醫學方面的哲學博士；而研究人的學習本能與反教育性格等關於事實真相學問的學位，則稱為教育領域的哲學博士。凡是研究主題是在探索真相的博士學位都叫做哲學博士，這是「哲學」這個詞最廣義的使用方式。在這個意義上，哲學家意指所有探索真相的人。那麼，所有的科學家也都是哲學家。

這個原始意義在哲學啟蒙的古希臘時期還很適用，因為當時人類知識很有限，哲學家們可以具備所有關於世界真相的知識，並從事任何哲學以及科學的研究。所以，當時也不用分什麼哲學家或是科學家，反正都是探索真相的人（Philosopher，或通常照字面翻譯成「愛智者」），而使用的研究方法也是科學與哲學並行。

但是，當知識累積愈來愈多，人們開始無法兼顧。不僅科學與哲學分家，不同的科學也分家（現在連不同哲學也在分家）。所以，哲學在現代意義上，已經不再包含科學。哲學家們不一定懂科學，而且通常也不做科學研究，甚至不懂科學研究方法。而科學家們也往往不懂哲學，不了解哲學的思考方法。當然，仍然有許多人是例外，現在還是有許多橫跨科學與哲學的人，其研究方式就會比較接近哲學的原始意義。那麼，當我們揮別這個哲學的原始意義，當代哲學的意義是什麼呢？

當代哲學在方法上，使用推理與論證，但不進行科學上的實驗與驗證。所以，哲學家們進行思考，在田野間、公園、市集或是咖啡廳，隨意沉思，企圖找出對某些哲學問題的突破關鍵。如果有所收穫，就寫成論文，形成新的哲學理論。

哲學與科學的研究方法

這種研究方法獲得的解答，其可信度當然沒有採用科學方法來的更好。所以，哲學思考通常不會針對那些已經在科學研究領域內的問題想答案，而是針對科學方法能觸及的範圍之外的那些問題進行推理。這就是我所說的「有確定性的系統」與「沒有確定性系統」的差別。

在科學領域內，我們可以想像透過一些實驗而獲得解答，在這個思考領域，我們的知識處在一個有確定性的系統中。例如，科學在不知道希格斯粒子（質量來源的假想粒子）是否真的存在時，可以透過希格斯粒子（從理論上推測）的各種特性，知道在什麼樣的情況下，它可以造成什麼特殊現象。那麼，我們就可以依據這個情況來設計實驗，一旦實驗成功，我們就證實（或支持）它的存在，否則，我們就傾向認為這個假設是錯誤的。在這整個知識系統中，針對希格斯粒子是否存在的問題是可以有確定性解答的。在這種情況下，實驗比推理來的更有意義，那麼，這就是一個有確定性的系統。然而，有些理論物理學並不依賴實驗，而是依據現有知識進行數學計算，得出某種計算數據後，進行理論上的推想。雖然其確定性似乎比有實驗依據的物理學差一些，但也算是一種有確定性的系統，至少能夠得出確定性的數據。當一個理論所在的系統中，其確定性降低的同時，其所需的思考方法就愈接近哲學。

哲學則是在更沒有確定性的系統中進行推理，通常無法得出確定性解答，只能得出一個合理的結論。合理性愈高，其哲學價值愈高。例如，「神是否存在？」針對這個問題，依據現有的相關知識系統，我們無法有確定性答案，不僅無法進行科學實驗，也沒有任何數學可以用來計算這個答案。因此，我們只能從不同的角度去推理其合理性。只要任何一個理論可以讓「神存在」的可能性提升一點點，或是降低一點點，都是有價值的理論。所以，當我們評估一個哲學論證或是一個哲學理論時，我們不能只看它「能否得出確定性解答」，如果用這樣的眼光看哲學，哲學（除了用來否定某些東西之外）將可能（在探索新知方面）毫無用處。所以，評估哲學理論的較好態度是：「這個理論是否在我們追求答案的過程中有幫助，是否讓某個答案成立的可能性提升了，或是降低了。」只要有這樣的成果，就是好的哲學。

尋找最大可能性，追求未知真相

當我們說，哲學無法給出確定性的答案時，針對的是正面得出新知的角度來說。哲學無法告訴你正確解答。但是，在另一方面，哲學是可以有確定性的，可以告訴你某些答案「一定是錯的」。例如，哲學雖然不能確定的告訴你「算命是否可能」，也無法告訴你「自由意志是否存在」，卻可以告訴你，當你同時相信這兩者時，你一定是錯的。因為他們在某些預設上（一個預設命定論，另一個反對命定論）會導致矛盾。除非你可以想個辦法融合兩者，或是另立一個接受矛盾的哲學，否則，我們就可以直接宣告其錯誤。這是哲學可以有確定性的地方。因此，哲學對知識的破壞性高過於其建設性。從這角度來說，哲學更容易引導一個人認清各種知識的不穩定基礎，而這也是造就智慧的重要過程。

這篇結束之前，或許有人仍然想問，那哲學究竟是什麼呢？簡單的說，哲學是一門追求未知真相的學問。廣義的哲學是用一切可能的方法了解真相。而當代較為狹義的哲學，則是針對不具有確定性系統的問題，以尋找最大可能性為目標，提出各種說明真相應該是什麼的理論。

4 先有哲學問題，才有哲學理論

哲學家們針對沒有確定性的問題進行思索，得出各種哲學理論。在順序上，先有問題，才會有理論。所以，當你看到一個古怪的哲學理論時，先去想想這個理論是為了解決什麼樣的問題而提出來的，當你了解問題後，就比較能了解這個古怪的理論。當你覺得這個哲學問題有簡單的答案，哲學家們卻去尋找複雜又怪異的答案，因而感到疑惑時，先別太快否定這個哲學理論，因為，這很可能是因為你沒有看到簡單答案後面的困難。即使是哲學家，也會喜歡簡單的答案，只有在簡單答案實在不可行的時候，各種奇怪的理論才會紛紛出籠。

哲學家對什麼問題感興趣？

雖然，哲學問題主要是在不確定系統中的問題，但並非所有不確定性系統中的問題都會成為哲學問題。因為只有那些被哲學家們感到有興趣，並且想去思考的問題才會變成哲學問題。

例如，書桌上這顆石頭是我前幾天在溪邊撿到的，為什麼它是這個形狀，而不是別種形狀呢？這個問題不在確定性系統中，如果有興趣的話，也可以去思考與討論，並且得出各種不同的理論。但是，基本上沒什麼人會對這個問題感興趣，因此它也就不會成為哲學問題。然而，這同樣也沒有什麼確定性，萬一從明天開始，突然有個大哲學家對這個問題感興趣，並且提出很特別的理論，像是「石頭的每一個形狀都在表達一個指示，告訴每一個遇到它的人該朝向哪一個人生方向。」而且如果這個理論說服力很強，那麼，許多哲學家們或許就會開始進行思考、批判、分析、並且提出修正意見或是其他理論，那麼，新的哲學問題與哲學理論就應運而生了。

所以，哪些問題將成為哲學問題也隨著時代和人物的不同而有所不同。如果想要知道「哲學是什麼」，必須先瞭解有哪些問題被哲學家所討論，這裡並沒有一個很好的分類公式可供參考，因為這牽涉到人性與文化的多變性，所以，想知道哲學是什麼就避免不了一定要去讀現有的哲學理論。這顯然不是短時間內、簡單幾句話，可以交代清楚的了。

由於時代的不同，會導致哲學家們對不同的問題感興趣。過去曾經被討論的哲學問題，有可能現代人已根本不感興趣。這樣的哲學問題與哲學理論就可能永遠被遺留在哲學史上，除非新的思潮將之帶入新時代，否則，那就已經是沒什麼哲學價值的問題了（剩餘的只有歷史價值）。例如，在西方中世紀時期（大約在西元五〇〇年至一五〇〇年間），當時神學興盛，對某些特殊問題會感興趣，像是「一根針尖上可以站幾個天使？」在當今神學較不受重視的時代，這個問題已經無法激起人們思考的興趣。這類問題就留給對歷史感興趣的人吧！

現代人有興趣思考的問題

我傾向於不在此書放入這類舊問題。我期待此書只留下對現代人較有意義思考的問題。所以，這本書不是專門介紹在哲學史上曾經有過哪些重要足跡的概論書，而是經由我的篩選，只留下我認為對現代人來說，較有意義去思考的問題及其相關理論。

而且，當我認為這是現代人需要思考的問題時，你未必會有相同的感覺，甚至會認為這個問題一樣無聊沒意義。所以，我在問題的前面，會盡量先說明為什麼我認為這是一個有思考價值的問題。這個引導，或許能夠更增強你閱讀以及思考它的動力。

本書所列的各種哲學問題與其相關理論，排列方式不是依其在哲學界被認為的重要性，而是依照多數人比較容易覺得有興趣，會讓人想去思考的順序。等到進入第一關，就比較有興趣走向第二關，以此類推。如果你能順著感興趣的思路讀完全書，而且真的對這些問題都深入思考了，那麼，你就可以開始以一個哲學家的身分進行探險，前往思維世界的偉大航道，尋找傳說中的思想寶藏。

第 2 篇

人生哲學：人生的意義是什麼？

5 人生意義的問題

人們從小到大，為了追求著什麼而努力。小時候追求糖果、冰淇淋、多點時間玩電腦遊戲，以及大人的肯定與讚美。進了學校開始追求好成績、考上好學校，以及各種物質欲望的滿足。再大一點，開始追求圓滿的愛情。出了社會，重心則放在事業或是家庭，不斷努力。這樣的努力，讓我們的心靈一直被填滿著，很少有機會停下來，讓心靈放空，面對自己。

開跑車、住豪宅、拿名牌包，真的快樂嗎？

心靈一旦放下各種追求的目標，或是短時間內突然對自己為什麼要追求這些東西感到疑惑，在這種心靈填滿物突然消失的瞬間，我們會不知所措。突來的心靈空洞裡，會有個問題浮現出來，「追求這些東西究竟有什麼意義？」這個問題當然沒有答案，只有無奈。所以，我們通常將之當作短暫的不正常心理現象，甚至當作努力過程中的絆腳石，「想這麼多幹嘛？」然後重新振作起來，繼續原本的生活型態。撐的愈久，在社會上愈是成功、擁有的物質享受愈多，有時反而就愈難停得下來。因為，一旦停止，當成就感的光芒突然熄滅，空虛感就愈明顯。

直到有一天，無論是什麼理由，當我們真的停了下來，決定好好面對這個問題時，我們會發現，這一切的追求似乎都不是每一個「我」內心真正想要的，我們只是隨著社會大眾價值觀的作用，追求著眾人認為每個人應該追求的東西。手提名牌包、身著昂貴服飾、開著跑車、坐擁豪宅，以及名片上響亮的稱謂。當我們追求到了，就展示出來向別人炫耀一番，貪婪的消化著別人羨慕的眼光，然後期待更多。尚未追求到的，就繼續努力。但是，除了滿足於別人羨慕的眼神之外，我們對這些東西的渴望到底有多強烈？我們真的這麼喜歡這些事物嗎？開跑車很快樂嗎？住豪宅很愜意嗎？擁有響亮的名聲很滿足嗎？想像一下，如果這個世界上的其他人都消失了，所有物品任君使用，我們還會喜歡這些東西嗎？我們內心真正期待的，究竟是什麼呢？

在一個忙碌的假象中，我們忽視著內心深處的聲音，以為再更多的努力，無論是再賺更多一點、地位再提升一點，還是成就感再增加一點，就能達成悠閒生活的目標，然後就可以從此追求快快樂樂、無憂無慮的人生。每個人都認為，「我的慾望不高，只要再多這麼一點點，我就滿足了，就可以休息了。」但是，這個終點始終到達不了，也沒有任何接近的跡象。當你意識到這樣的困局，發現我們一直受到某種錯覺的欺騙，而決定改變方向時，那麼，放鬆你的肩膀，暫時停止一切追逐，面對自己的內心世界。這時，我們自然而然會想問：「我究竟想要什麼？」以及「怎麼做才是正確的人生方向？」而這也就直接呼應了（除了「哲學是什麼」的問題之外）另一個最常被問的哲學問題：「人生的意義是什麼？」

大多數人是從這個路線進入哲學世界，由於想要知道人生的意義，所以開始閱讀哲學並進行思考。如果我們把這樣的心靈感觸當作是一種面對自我的覺醒狀態，那麼，每一個人或早或晚大概都會有這樣的狀態，只不過並不是每個人都會選擇哲學，更多的人會在宗教中尋求解答。與哲學不同的是，每一個宗教都有解答，而且大多很合理，只要可以滿足你，那就接受它、相信它，不用自己去找。這樣也不錯。但是，萬一沒有任何一個解答能滿足你，那只好辛苦一點，到哲學世界來，尋找真正能夠滿足自己的解答。

未經檢視的生命不值得活

停下來思索人生、面對自己，並不是從此之後，就必須全心全意追逐生命。這只不過是開始跟內心對話，並不需要放棄目前正在進行的任何計畫，只是讓我們不再盲目跟隨群眾的價值觀，開始學習做一個真正的自己。愈早開始，就愈不會落入空虛的人生。如果你目前還不覺得人生問題很重要，那麼，先試著問問自己：「我期待怎樣的人生？這樣的人生是否能帶給我生命的滿足而了無遺憾？」如果你找到了，就去追求它吧！但為了避免自己想錯了，請經常性的回頭想想，「這真的就是我要的人生嗎？」

當我們不再盲從，而時時反思自己的生命道路，先活出一個自己，這也就是古希臘哲學家蘇格拉底（Socrates, 469 BC-399 BC）所支持的生活方式，他說：「未經檢視的生命是不值得活的（An unexamined life is not worth living）。」每個人出生在這個社會上，性向不同、經歷不同，各有屬於自己不同的喜好與所長，就算大家都想追求像是佛陀所主張的悟道成佛，適合的路線與法門也會不同，而「自己最適合什麼」的問題只有自己可以解答，而且必須深入內心世界好好認識自己之後，才能在每一個人生的轉彎口，看見屬於自己的道路。

當然，我們有時不容易判斷最適合自己的方向與目標何在，有時必須真的到達那個地方，才能夠知道，這裡是否就是我的最終目標。在過程中若能經常性的檢視自己、詢問自己，成功的機會就愈大。然而，人與人之間雖不盡相同，總有類似的地方，因此，在這種追尋的過程中，不妨先參考看看前人遺留的智慧，是否有什麼值得學習的想法。

6 人生有意義嗎？

思考人生的意義，第一個會遇到的問題是，「人生究竟有沒有意義？」如果人生有意義，那麼第二個問題就是，「人生的意義是什麼？」然而，如果人生沒有意義，我們就只好思考，「在沒有特定意義的情況下，怎樣的人生較好？」

討論前，先分析問題

由於「人生意義」這個詞彙有些模糊，因此，在討論相關問題之前，我們需要先做個初步的分析，讓問題本身更清楚。

補充說明　把問題先分析清楚的好處

「分析問題本身」，這個工作往往是哲學裡面最重要的步驟之一，因為若沒有先把問題弄清楚，討論起來往往會抓不到重點，而且常常會有雞同鴨講的現象，這會把問題愈弄愈大也愈模糊。這樣不但無助於解決問題，還往往把問題變得更複雜難解。而且有的時候，把問題分析清楚之後，原本的問題就不再是問題了。這是由於問題本身也可能製造出困惑的假象。這種現象稱之為「解消」一個問題。

「解決一個問題」，是找出這個問題的解答。不管是正確的解答或是合理的解答皆可。但「解消一個問題」，針對的是根本沒有解答的問題，不僅沒有正確解答，連合理解答也不會有，因為問題本身就已經設下了錯誤的困局。這種問題只能靠分析去指出其錯誤之處，而把問題取消。

例如，古希臘時期詭辯學家芝諾（Zeno of Elea, 490 BC-430 BC）主張「飛箭是不可能會動的。」他的理由是，「因為無論箭在哪一個空間點上都是靜止的。既然在每一個點都靜止，又怎麼可能會動呢？」這裡牽涉到的是兩種看事物的方式，一種是把世界當作無數個點的（非連續）集合體，從這個角度來看，飛箭的確是不會動的；或者說，「動」根本就無法存在於這樣的世界觀。但從一般人把世界當作一個空間連續體的想法來說，飛箭當然是會動的。當我們企圖要從第一個世界觀回答飛箭如何可能動的時候，這根本就沒有答案。因為在那樣的思考角度下，「動」是不可能的。

只要我們指出了這樣的思考困局，問題就算結束了。但我們並沒有針對問題提出任何正確或合理的解答，而是把問題的困局點出來，讓問題不再是一個問題。

真正要問的是什麼？

當我們問人生意義時，大多是在問「人生的目的」，而且這個目的不是自己定下來的，而是與生俱來就被賦予的。有些人主張：「人必須活出自己的意義」，或是「人生的意義必須自己去決定。」這些回答事實上都偏離了重點。因為，在我們追尋人生意義時，必須先假設有一個與生俱來就被賦予的目的，否則就沒有什麼好追尋的。只有當這種目的不存在時，我們才需要自己決定意義，以及活出屬於自己的意義。那麼，如果我們認為真有這種天生就被賦予的目的，在這種情況下，我們自然會去思考「這個目的為何？」在此之前，我們必須先思考另一個問題：即使有目的，是不是每個人（或至少大多數人）都被賦予相同的人生目的呢？

或許每個人誕生在世界上都被賦予相同的目的，就像佛教所主張的：「為了修煉成佛」。那麼，每個人都有著相同的終點，我們便可以依據自己的經驗去建議別人該如何面對生命，我們也可以聽從對生命很有領悟的大哲學家（或是宗教大師）的教誨，來實現自己的生命意義。

但是，萬一每個人被預設的目標不太一樣，每個人有著不同的生命目的，那麼，當我們依據個人心得來指導別人如何追尋生命時，就會變得很荒謬，而把大哲學家們的理論當作個人生活的範本也一樣荒謬。所以，在這種情況下，雖然我們還是可以給人建議，也還是可以閱讀其他哲學家的理論，但這些都只能作為參考。真正重要的，還是要自己去尋找。

但是，怎麼去尋找呢？我們最常見到的建議是：「去聆聽每個人自己內心的聲音吧！」當人們這麼主張時，表示這種被預設的目的會在我們心中告訴我們。只要我們認真聆聽內心深處，自然知道該怎麼走。這是前人留下的知識。就像蘇格拉底所說的，在他做任何重大決定時，如果是錯誤的決定，都會有一個聲音阻止他，他稱其為「戴摩尼昂之聲」。但似乎不是每個哲學家都有這樣的神祕經歷。如果我們真的可以在個人心中發現這種屬於個人生命道路的指引者，這自然最好。但如果模糊不清，或是難以辨識，也只好想想看是否有其他方法尋找屬於個人的人生目的了。

只要時間許可，我們可以從前人留下的經驗與理論中的一切可能方法，去尋找生命意義。這些方法大致上有三大類：思考、體悟，以及等待天啟。透過思考，尋找最合理的解答；透過對內心的觀察，尋求體悟；以及與造物主對話，等待時機成熟時，自然打開靈性的智慧之眼，讓真理直接貫通我們的生命。在這些方法並行的情況下，無論我們的人生目的是否和別人相同，大致上就無所謂了，因為這是透過自己尋找得來的。找到的如果和前人所說的一致，那很好。如果不盡相同，那表示或許不同人的人生意義不同。當然，無論是哪一個，我們還是必須不斷的思考，「這是不是就是最終的解答？」

息息相關的問題

然而，我們還可以問另一個問題，「如果人來到世間真的被賦予一個目的，是不是一定要遵守呢？」就像蘇格拉底可以聽到一個聲音指引他，那他可不可以不予理會？我們通常認為如果有這樣的使命或是目的，那當然是要遵守囉，但仔細想想，為什麼？我們之所以認為要遵守，那是因為，去完成這個目的對我們有最大的好處。例如，像佛教所說的「解脫」，甚至是「成佛」，或像是基督教所說的「成為基督徒而回到天堂樂園」。在這個思考架構下，我們預設有「死後生命」的存在，也就是說，我們不僅僅是個工具，被利用來達成某些目的後就消失了，而是在此生結束後，我們尚有另一個階段的生命，而達成此生目的對未來階段的生命會比較好。基於這樣的理由，我們最好能努力達成此生被預設的目的。

在這條思路上，人生意義的問題就會跟「是否有死後生命」的問題息息相關。這種死後生命的存在是否可能？如果真有，究竟是哪一種類型的存在？目前是否有證據可以證明或支持這種主張？當我們開始深入思考一個問題時，會發現相關問題會被牽扯進來。一步一步，我們將看到整個哲學思想環環相扣，當我們能夠深入到某個地步，並且連結所有哲學系統時，整個思想的圓融度就會大增，更能評估任何一個處在沒有確定性系統的想法，其可信度究竟到了什麼樣的程度。

然而，人生會不會毫無意義與目的呢？會不會沒有任何預定的目標與方向？人類生命的出現會不會只是一種生物性的偶然，死後就完全消失了？在這種情況下，我們要把這一生都花在修行上嗎？理論上我們不能排除生命沒有特定意義的可能性，而且這或許更符合當今科學的生命觀點。如果真是如此，我們該如何過生活呢？先讓我們從這種被稱之為「虛無主義」的主張，開始我們的人生哲學思考之旅。

7 虛無主義：人生沒有意義

「虛無主義」認為，「人們在一生中所做的任何努力，都是沒有意義的。」最能描述這種心境的是希臘神話中薛西弗斯所受的處罰。他被要求必須把一顆大石頭推向山頂。但當他費盡一天的辛勞，推到山頂後，石頭會自動滾下來，他就必須重新再來一次。日復一日，沒完沒了，所有的努力終將成為夢幻泡影，毫無意義。

除了神話，還有科學證據

生活在這個世界上，偶爾也會有類似的困惑，「現在正在努力的事情，無論是什麼，究竟有什麼意義呢？」有時我們會告訴自己，這是為了未來的快樂而努力的。但是，在享受快樂時，我們一樣可以問，「現在正在享受的快樂究竟有什麼意義呢？」這一切似乎都轉眼成空。努力也罷，不努力也罷！究竟有何特別的意義與目的？也有人會說，這一切都是為了子孫著想，甚至為了未來萬世萬代的子子孫孫而努力。但是，子孫們未必買帳，你再怎麼努力，也不表示他們可以活得更快樂，人們總是習慣現有的，而望向沒有的。而且，更糟的是，他們未必會和你一樣為未來子孫著想，說不定下一代就立刻敗光家產。就算你的基因良好，每一代都為下一代而努力，但這樣的努力又有何意義？

雪上加霜的是，科學告訴我們，這樣的努力終將成空。因為，地球遲早會毀滅，宇宙也終究會崩解，沒有任何生命能夠永遠生存下去。

補充說明 宇宙遲早會毀滅的科學理論

根據熱力學第二定律，宇宙的基本運作方向是朝向最大亂度，秩序會不斷喪失。也就是說，宇宙演變的終點是所有物質結構完全隨機散亂，所有能量完全轉換成無法再回收利用的平均熱度（亦即，熵值會不斷升高）。在沒有物質秩序與可用能量的狀態下，生命不可能持續。另一種可能性是，當熵值到達某個點時，開始逆轉（宇宙從膨脹改成收縮）。即使如此，所有物質將回歸終點，集中湧入最終的奇點上。在這種情況下，生命也無法繼續下去。

那麼，無論是為了未來子孫的努力，或是（以偉大胸襟）為未來人類的使命，也都將成空。就像薛西弗斯推大石頭一般，努力有何意義呢？

虛無主義的兩大來源

這種人生虛無感是造成虛無主義的主要來源之一。雖然，基本上沒什麼人喜歡虛無主義，但是，人們在這樣的感覺上建立難以揮去的虛無夢魘。當然，大多數人不會這麼簡單的對虛無主義投降，哲學家們更是不會。即使有人生虛無感，我們仍舊努力尋找生命的意義。生命總是有著美好的一面，有著令人期待的驚喜，不是嗎？正因不能填滿內心像是無底洞般的虛無感，我們需要更強大的生命喜悅來完成生命意義的追尋。這就造成了虛無主義來源的第二個主要因素：找不到。

人生的虛無感促使許多人尋找生命意義，從詢問別人到閱讀書本，但是怎樣都找不到答案。雖然告訴我們人生意義的書很多，但內容往往難以理解，不是說「不可說」、「無法說」，就是「說了也是白說」。就連被大眾奉為聖書的古籍都難以給我們一個滿意的答案。這時，許多人的思考中會自然出現一個想法，「因為自己無法在書中或在任何其他地方找到答案，所以答案根本不存在。既然沒有答案，這些不同答案的書都只是鬼扯騙人而已。」

這個想法不見得是錯的，的確有此可能。不過其中隱含了兩個謬誤（似是而非的錯誤推理）。第一，找不到的不一定不存在。第二，就算真的沒有（我們期待的）答案，這些古代哲人的說法也不一定是鬼扯騙人，因為「答案」可能有各式各樣的種類，或從不同角度呈現出不同的樣貌。

如果真的——，我們應該——

當然，更麻煩的還是，現代最令我們信服的科學，也無法讓我們感覺到生命是有希望、有意義的。然而，雖然科學無法告訴我們人生的意義是什麼，但也沒辦法告訴我們人生是沒有意義的。我們只能說，科學目前還無法在人生意義的議題上提出任何解答，我們只能繼續運用最原始的探索本能——思考，來尋找問題的真相。

當我們還沒有任何關於生命意義的蛛絲馬跡時，可以先問的一個問題是，「如果人生真的沒有一個終極目的，或是在完全無法得知人生意義是什麼的情況下，我們該如何度過此生呢？」簡單的說，如果你希望獲得最幸福美滿的人生，那麼，怎樣的生活最幸福、美滿與快樂？

8 享樂主義：活著就是要追求快樂

大約兩千年前，古羅馬時期的伊比鳩魯學派，提出一個到現代仍然吸引多數人奉行的想法：享樂主義。主張人活著就是要享樂，享樂的人生是幸福快樂的人生。

愚蠢與聰明的享樂主義

當我們看到「享樂主義」這個詞，自然會想到那些每天吃喝玩樂的人，他們不工作、不打掃、不唸書、自私自利不顧他人，每天只想著要快快樂樂、無拘無束的生活著。這個想法的後半段是對的，享樂主義的確只想著要快快樂樂、無拘無束的生活，但前半段卻未必。我們會有前半段的想法，是因為一般認為工作、打掃、唸書、顧慮他人等等都是苦差事，所以，如果這些都不做、都不管，生活會更輕鬆愉快。而且我們認為吃喝玩樂都很快樂，如果每天盡情吃喝玩樂，生活一定很美好。

事實卻未必。看看某些中了樂透彩的人，一夕致富，從此不再工作而盡情享樂，但他們的快樂往往只持續一段很短的時間，之後卻痛苦萬分。這種享樂主義可以說是盲目愚蠢的享樂主義，只顧慮眼前，沒有思考後果，以及內心更深刻的感受。

伊比鳩魯學派不反對吃喝玩樂，但必須要有節制，若無節制，反而帶來痛苦。例如，當我們去吃到飽餐廳用餐時，很多好吃好喝的，都可以盡情享用。在最初的半小時，我們很快樂的享用著，但半小時後，如果還持續大吃大喝，其實已經感受不到吃喝的快樂了，只是誤以為吃愈多、喝愈多就會愈爽。如果一個小時後還沒停止，噁心想吐等不舒服的感覺將會接踵而來，甚至回家後還要忍受肚子疼甚至腹瀉的痛苦。這樣的經驗許多人都有，但有一次就夠了。我們如果能夠藉由一次的教訓就瞭解到這種現象，開始學習節制，半小時的吃喝享受，然後停止，那麼我們就可以既享樂又沒什麼負擔，這才是聰明的享樂主義。

有人認為，才吃半小時太不划算了，應該吃多一點翻本。這樣的思考卻是本末倒置的。我們去餐廳吃飯主要目的是享受美食，而且不管吃多吃少，既然付出的金錢是一樣的，如何翻本呢？又不是吃的愈多就可以付的愈少，所以無論怎麼吃，事實上都無法翻本。翻本的想法，只是一個以為花一樣的錢卻吃很多是賺到了的假象。這種觀念，必須在吃更多則得到更多的情況下才有意義，否則，當吃愈多反而愈不舒服時，花錢成了受罪，怎麼會值得呢？

所以，作為一個聰明的享樂主義者，不能只看到眼前的快樂，還必須顧慮其後果。工作、打掃、唸書、顧慮他人也是一樣。雖然過程本身不快樂，但是其事後所得的快樂大於過程的不快樂，而且只要養成習慣，也可以讓過程的不愉快降低，那麼人生自然就更快樂了。當然，如果你的工作完全不是自己想做的，過程讓你痛苦萬分，收穫相對較小，此時要是不工作也不會餓死，那麼，伊比鳩魯學派不會認為你應該勉強去工作。凡事以享樂為基礎來思考，過一個最快樂的人生，這就是伊比鳩魯學派認為我們應該過的人生。

誰的人生過得符合享樂主義？

從近代人物來看，最符合享樂主義的，大概算是哲學兼文學家林語堂先生。他崇尚生活的藝術，並且認為「人生的目的就是去享受人生」。他抽菸、喝酒、喝茶、愛和朋友聊天，認為享樂也不用去分精神與肉體，討厭那些古板的假道學。「紳士演講，應該像女人的裙子，愈短愈好。」這句常被許多人套用的名言，就是他發明的，那是在一個畢業典禮場合上，針對那些愛囉唆（害他等的不耐煩）的人講的。

他認為許多事情讓這世界變成一個不快樂的世界。我們的生活太複雜、學問太嚴肅、哲學太消沉、思想太紛亂，要解決這樣的困境最需要一種「幽默感」。幽默感就是最高智慧的心境，讓我們從不同的角度，看見事物美好有趣的一面，在大家都感到憤怒、灰心、滿腹理想追求改革的時候，莞爾一笑。笑出一個愜意、愉悅的人生。然而，在林語堂先生的心目中，中國歷史上，陶淵明是最懂得生活與享樂的人物。

陶淵明過著愉快的田園生活，不願做官，沒有任何名利權位，但當時仍有好多名士想跟他認識結交。他卻沒什麼興趣與名士打交道，也不喜歡社交。不過他愛喝酒，只要有酒喝，就可以開開心心跟人聊天打屁，連道士、和尚都喜歡他。其中，一個很著名的故事是說：他（算是一個儒者）和道士與和尚三人一起聊天，聊完後和尚送著兩人離開，一路送下來不願道別，就這樣不知不覺過了那個和尚發誓絕對不走的橋，過了以後，三人回頭望著橋，又互相看著對方，隨後一起大笑。這一笑，笑出了著名的《虎溪三笑圖》，也成為在人生智慧中，無論是儒、道、佛，一種最享受生活的生命典範。

9 禁慾主義：禁慾才能獲得最好的生命

享樂主義認為，最幸福快樂的人生就是去滿足各種慾望，而且盡量減少在滿足慾望的過程中所造成的痛苦。但是，一樣在兩千年前古羅馬時期的斯多葛學派卻有完全不同的看法，認為各種慾望是痛苦的來源，如果能夠沒有慾望，就是最幸福快樂的人生。如果慾望難以根除，至少不要跟隨慾望。

的確，人生許多痛苦都是慾望造成的。舉例來說，當我們愛上某個人，如果那個人並不愛我們，這樣的愛慾將帶來痛苦。還不如一開始就不要認識，或是不要放縱自己的愛慾，這個痛苦就不會產生。現在許多年輕學子想要有支新型的智慧型手機，一旦無法獲得，就會很不快樂，還不如一開始就連想都不要去想。有了慾望又得不到，的確是痛苦的事情。而且，我們也很難滿足所有的慾望，就算現在所有慾望都滿足了，人性總是會想要更多，產生愈來愈多的慾望。

苦的根源是什麼？

我記得在學生時期，很想要有台機車，有了機車之後，看到有些同學開車便很羨慕，期待隨便有台車就好。那時我認為自己的慾望很低，不會想要開雙B或是開跑車，但是現在有了車之後，開始羨慕別人有好車了。我們的慾望似乎是無窮無盡的，滿足了一個，會衍生另一個，沒完沒了。所以，遲早會遇到無法滿足的慾望，那麼痛苦一定會來臨。

這個苦的根源是因為有想要而不可得的東西存在。雖然我們無法阻止它的存在，但至少可以讓自己一開始就不要心存想得到它的慾望。如果把各種慾望降到最低，就可以避免許多痛苦，過一個平靜而愉悅的人生。這就是「禁慾主義」的主張。

在台灣，許多出家人過著禁慾主義的生活。這樣的生活平靜、愉悅、怡然自得，在寧靜中修道，期望參悟真理。但這種生活並不容易，尤其許多慾望很難抑制，有時愈抑制反而愈強烈。走這條生命道路，除了需要過人的意志力與決心之外，還需要許多方法協助自己，不讓強烈的慾望干擾生活，否則心不但不能靜，反而會更亂。下次遇見出家人，請給他們多點敬佩與鼓勵的眼神，因為這是一條艱苦的道路。當然，若走的好，或許真的會比享樂主義更怡然自得，更幸福快樂。

10 幸福來自於德性

古希臘時期哲學家亞里斯多德主張，幸福來自於德性。最幸福快樂的人生就是充滿德性的人生。

現代人看到這個說法時，大概會覺得會得不舒服，心裡想：「少騙人了！又在鼓吹道德！」的確，這個時代鼓吹道德的宣傳實在太多，而且鼓吹的人還可能是最沒道德的，這怎麼能不引起人們的反感呢？然而，當我們在做哲學思考時，必須有能力先把各種無關的情緒放到一邊，就算當代「道德」被濫用了，也不表示這是個壞東西，所以我們必須用理智重新看待它。

「德性」與「道德」的不同

事實上，「道德」這玩意兒感覺上比較像是給自己找麻煩的東西，當我們遵守道德的同時，萬一別人不遵守，不就吃虧了嗎？在這種情況下，如果一直吃虧，怎麼可能會是一種幸福人生呢？許多人說，「吃虧就是占便宜」，那讓說這句話的人吃虧給我占便宜好了。如果你有這樣的想法，不用感到不好意思，這很正常，很符合人性。通常，若不是給道德圖騰沖昏了頭，大概都會有這樣的觀點。然而，這裡所談的道德，和現在要講的幸福要素——德性，有些不同。我們先來區別這兩者。

我們在日常生活中談論到「道德」時，通常指的是「遵守道德規範」。例如，「不要亂丟垃圾」或是「不要欠錢不還」。但是，「德性」不是在說這個東西。德性指的是一種會引發道德行為的某種內心性質，例如，有愛心、很勇敢、容易寬恕別人。有德性的人依據內心特別的性質，容易自然而然產生道德行為，這裡就沒有遵守或不遵守的抉擇。即使沒有任何道德規範的約束，有某種德性的人通常會做出該德性關聯的行為。例如，對於具有愛護小動物德性的小朋友來說，即使不特別教育或強制應該愛護小動物，他也會這麼做。

一個遵守道德規範的人和一個有德性的人所表現的行為也許完全相同，但是可能有著差異很大的內心世界。以寬恕為例，當小花不小心把小明的果汁打翻了，遵守道德規範的小明聽了媽媽的話，「不可以對同學生氣」，因此，即使小明心中非常生氣，卻為了聽話而盡量壓抑下去，甚至表現出沒關係並且說出原諒別人的話，但心中完全沒有原諒別人的想法。這是一個單純為了遵守道德規範的人所表現出的「寬恕」行為，其內心並沒有寬恕的心靈狀態。然而，一個有寬恕德性的小明可能打從心底不生小花的氣，並且真正原諒別人，不需要壓抑任何情緒，這種情況顯露出一種特有的品質——「寬恕」的德性。當然，通常人們不會極端的有寬恕之心與完全沒有寬恕之心，大多只在於程度的差別。

為什麼「德性」能夠帶來幸福？

當我們覺得道德讓人吃虧時，心中所想的道德指的是「遵守道德規範」，即使不想遵守，也勉強自己遵守，然後咬著牙看別人占自己便宜。禮讓車位的人就沒位子可停；塞車時常常禮讓別人的，就卡死在那裡別想動了；不去跟人要債，欠的錢就永遠拿不回來。類似的狀況常常在生活中上演，在這種情況下，誰願意當個有道德的冤大頭呢？鼓吹大家有道德或許可以減少社會紛爭，對大家都有利，所以我們都鼓吹別人要有道德，自己卻看心情而定。事實上，儘管鼓吹要有道德，大家也不會這麼容易就全盤接受。一個道德規範若不能普及化，成為一個社會文化、人人理所當然的遵循，那麼它的作用就會很低，甚至會增加更多社會紛爭。所以，做一個遵守道德規範的人，最可能的下場就是很不快樂。我們也很難想像，一個人如何能訓練到，在一直被人占便宜、吃虧的情況下，還能感覺生活很幸福。這當然不是幸福人生的選項。

那麼，為什麼當一個人具有德性之後，生活竟然可以是最幸福的呢？那是因為，有德性的人在心態上是自然而然想去做，而不是勉強自己去做。舉例來說，有些人喜歡拿食物給可憐的流浪動物吃，看著他們滿足的吃著食物，心裡感到很開心。但是，這些人卻吃虧了。流浪動物問題應該是所有人的責任，為什麼要我花錢呢？如果我們把「人們應該買食物餵可憐的流浪動物」當作一個道德規範，對一個不想遵守而強迫自己遵守的人來說，就會有這種吃虧的感覺。久而久之，就不想遵守了。但是，對於那些能夠在這種付出中獲得喜悅的人而言，由於具有這種德性，所以他們完全不會介意（甚至想都沒想到）這樣的吃虧問題。

有德性的人內心自然有一股動力想要去做一些有道德的事情，就像有些人很喜歡幫助別人，因為他們覺得幫助別人很快樂。只要一個人會自然而然的關心別人感受，會因為自己做出一些事情，讓別人快樂，也讓自己感到快樂，這樣的人就是有「樂於助人」的德性。否則，若只是遵守「應該幫助別人」的道德標準而幫助別人，有時反而會不快樂，覺得自己因為幫助別人而失去了一些東西，或是難過為什麼沒人來幫助自己。兩者主要的不同在於，遵守道德規範的人在做道德行為時，內心未必有助人的動機。

其他像是具有「勤勞」德性的人，對於工作多不會感到厭煩；具有「愛乾淨」德性的人不會排斥打掃，能享受乾淨的生活環境。此外，「誠實」德性受人信賴；「公正」德性受人景仰；具有「節制」德性的人不會縱容慾望，因此比較不會得罪人、不貪婪，也容易獲得身心健康。

而一個具有「寬恕」德性的人較容易原諒別人，不會一直想著別人的惡，放下了仇恨之心，自己也獲得解脫，享受自在愉悅的生活。

當一個人具有各種德性時，他的生活將會充滿快樂，而且比一般人減少很多的煩惱。台灣社會中有許多很有德性的人，看看醫院的志工，他們很樂意協助需要幫助的人，臉上充滿笑容，服務態度通常比拿薪水的員工還要親切。從一般的社會標準來說，他們吃虧了，但是他們感到幸福、快樂。看看賣菜的陳樹菊女士，她把大部分辛苦所得捐給慈善機構，自己過著清苦的日子，但是她總是充滿笑容。反過來，看看有些從不願意讓別人占便宜的大財主，雖然擁有很多，但生活並不快樂。

德行是一種內心的習慣

這跟一般的認知不同，我們一直以為，擁有愈多的人，生活愈快樂，但實際上並非如此。當然，反過來說「擁有愈少，愈快樂」，這也是錯的。許多人每天怨嘆自己的不幸，這也很不快樂。重點並不在於擁有多少東西，而在於內心是否擁有各種德性。當自己心裡不願意時，刻意捐錢給慈善機構也是沒用的，一樣會覺得自己是吃虧的一方，或是自認為很了不起而驕傲自大。重點在於，內心是否想要這麼做，能否在這樣的道德行為中感到喜悅。

既然德性能夠帶來幸福，那麼，我們要如何培養自己的德性呢？亞里斯多德認為德性是一種習慣的養成。例如，當我們習慣性的用公平的態度處事，久而久之就養成公平的習慣與德性；當我們常常勉強自己去原諒別人，我們就逐漸養成了寬恕的德性。

但要注意的是，這種習慣是內心的習慣，而不僅僅是外在行為的習慣。例如，想要培養愛乾淨的德性，需要時時清理「不喜歡」的髒亂，然後「滿足於」乾淨的環境。如果完全沒有心理上的配合，純粹只是打掃的行為，這是沒什麼用處的。建議學生在學校打掃時，先體會一下環境髒亂的不舒適，然後一番辛勞之後，好好享受的觀看一下乾淨整潔的環境。「看！我把環境整理得這麼令人愉悅！」這樣的作法，有助於培養喜歡把髒亂弄乾淨的德性。有了這個德性之後，整理家園（甚至公共場所）會變成一項愉快的工作，而不再是負擔。

儒家哲人認為某些德性（尤其是那些最重要的德性）屬於人心內在的天性，我們天生有孔子說的「仁心」，有王陽明說的「良知」，有孟子所謂的「四端之心」（惻隱之心、羞惡之心、辭讓之心、是非之心）。當我們移除各種心理障礙而發揮這些天性時，德性自然就會顯現出來。

不管哪一種方法比較正確，我們可以都去嘗試，至少它們不互相衝突，只要德性能建立起來，人生就能更幸福。

11 如何克服對死亡的恐懼？

無論如何追求幸福，我們還是會遇到各種不快樂的事情，而其中最大的隱憂，就是死亡。所以，在人生哲學中，「如何面對死亡」成了一個很重要的課題。

從理智到情緒

伊比鳩魯學派提出一個論證，認為從理智的角度來看，死亡一點都不可怕。如果認為這樣的論證有說服力，至少可以在理智上先消除對死亡的恐懼，再慢慢消除情緒上的恐懼感。其論證大致如下：

⑴還活著的時候，死亡尚未來臨，跟我們無關，無需恐懼。

⑵死的時候，已經不再存在，沒有感覺，更與我們無關，何來恐懼。

(3)因此，死亡是一件和我們毫不相干的事，對死亡的恐懼是非理性的。

這個論證相當程度的指出對死亡恐懼的荒謬性。但有人說，這個論證只是指出對死亡本身的恐懼是不理性的，但事實上，人們對死亡的恐懼是害怕那個死亡的過程。但這說法很奇怪，既然對終點不恐懼，為什麼要對過程恐懼。理由可能是，對死亡前的痛苦感到恐懼。也就是說，恐懼的是痛苦，而不是死亡。真的是這樣嗎？其實不然。我們的確會對痛苦感到恐懼，那與對死亡的恐懼不同。為了說明這點，我們可以來做一個思想實驗。

補充說明 什麼是思想實驗？

思想實驗，指的是我們用想像的方式做實驗，而實驗結果自然也是用想像的方式獲得。當然，實地做實驗所產生的證據，自然比想像實驗要來的更有說服力，但是並非所有的實驗都可以在現實中完成，有些只能靠想像力來進行。而且，有些實驗只要想像就夠了，也不太需要真正去做。在這種情況下，我們就會用這種思想實驗來獲取證據。

例如，近年來很著名的電車實驗。假設你是一個電車駕駛，你發現前面有五個工人在鐵軌上睡著了，而你的煞車卻故障。你可以選擇換個車道，但另一個車道睡著一個工人，這時你是否要選擇換車道而導致殺一救五的後果呢？

我們可以讓人用想像的方式來做選擇，不用實際經歷這樣的事情，然後統計出有多少人會選擇殺一救五。這當然只是想像，如果實際上去做是不是真的有這樣的比例，還是很難說的。但總有某種程度的參考價值。

這種實驗方法不僅用於哲學上，科學家有時也會依賴這樣的實驗方法。像愛因斯坦就常用思想實驗來討論物理學問題。

關於死亡的兩個思想實驗

這個思想實驗如下。醫生告訴小王，說他已經沒辦法救治了，大概過幾天生命就會結束。這時，小王可能會感到很恐懼，因為要面臨死亡了，而且還要面臨死亡前的痛苦。在這種情況下，或許不清楚小王的恐懼究竟是來自死亡本身，還是死亡前的痛苦。假設，這時在小王的床前出現一個天使，天使說對他說：「不要害怕，雖然醫生說的都是對的，但是死後我會來接你。」在這樣的情況下，小王的恐懼感是否大幅降低了呢？應該會吧。依據有類似經驗人的反應，在感覺到或甚至只是夢到類似情節時，對死亡的恐懼感大多降低，甚至會到完全消失的地步。

從這個思想實驗來看，我們對死亡本身的恐懼超乎對死前的痛苦。甚至當我們不再擔心死亡時，根本不太在意什麼死前的痛苦。那麼，依據伊比鳩魯學派的論證，既然在理智層面，我們實在沒有什麼理由害怕死亡，那情感上對死亡的恐懼究竟從哪裡來？

許多人認為，人們之所以對死亡感到恐懼是因為對死亡一無所知的關係，我們習慣性的對未知事物感到恐懼。但這個說法很有問題。雖然人們的確對未知事物感到恐懼，但恐懼感基本上不太強，而且通常會伴隨著探險般的興奮感。我們可以用另一個思想實驗來說明這樣的現象。

假設在我們前方出現一扇門，這扇門會通往世界的某個角落，但我們不知道它通往哪裡。在這種一無所知的情況下，當我們踏入這扇門時，的確有一點恐懼，但興奮、好奇的心理更強烈。或許有人會說，那是因為我們對整個世界有大致上的理解，所以不會害怕。那麼，假設這扇門將通往另一個我們完全不瞭解的平行世界，雖然還是會有些恐懼，但其恐懼感和對死亡的恐懼感完全不同。所以，用「對無知的恐懼」來描述大多數人對死亡的恐懼是不適當的。那麼，人們為何這麼怕死呢？

其實，這種恐懼多半來自於社會大眾的集體誤導。社會整體把死亡當作一件很可怕、很糟糕的事情，而活著是最好的事情。這樣的觀念在社會上蔓延，從電視劇、小說、人們之間的言談，都充斥著這種想法，我們從小被洗腦灌輸這樣的觀念。這麼一來，人們還能不畏懼死亡嗎？但是，當我們打開理性之光仔細想想，為什麼死亡是一件壞事？其實我們對死亡一無所知，根本無從判斷是好是壞。如果站在中立的角度看待死亡，雖然還是有一點恐懼盤據心頭，但不會這麼強烈的排斥它，甚至會以一種冒險的心情面對。如此一來，死亡將不再帶給人們這種深度的恐懼。

貪生怕死是不是一種迷惑？

莊子在《齊物論》一文講到，我怎麼知道貪生不是迷惑呢？我怎麼知道怕死不是像幼年流落在外而不知返鄉那樣呢？莊子舉例說，麗姬是艾地邊疆官的女兒。晉國國君要迎娶她的時候，她哭得眼淚沾濕了衣襟；等她進了王宮，與晉王同睡在舒適的大床上，一起吃著美味的大餐，這才後悔當初不該哭泣。那麼，我們怎麼知道死去的人不後悔自己當初的努力求生呢？

莊子用類比的方式說明我們對死亡的恐懼也可能像這樣。雖然無法確定死亡是件美好的事情，但又如何能確定是件壞事呢？

也有人認為，怕死並不是害怕死後有什麼壞事發生，而是擔心死後就永遠消失了，害怕完全沒有死後的生命。然而，這個想法就符合了伊比鳩魯學派的主張，如果死後人消失了，那死亡就跟我一點關係都沒有了，沒什麼好怕。就算是一種害怕未來會消失的恐懼感作祟，我們又何必在活著的時候擔心呢？何況，誰知道死亡究竟是怎麼一回事？這種理智上的推理，相當程度給了我們不用害怕死亡的理論依據。不過，人們不會因為這些理智上的理由就立刻消除恐懼，通常需要重新思考一段時間後，理智才能漸漸抹去過往長時間情緒製造出來的陰霾，讓我們的人生逐漸脫離死亡陰影的籠罩。這樣才能在不知道人生有沒有意義的情況下，追求一個更幸福、快樂的人生。

12 神存在問題

神存在嗎？凡是在討論任何東西是否存在，以及其存在本性為何的理論，在哲學方面都歸屬於「形上學」（metaphysics）或也稱為「本體論」（ontology）的領域（這兩個詞在中古時代的哲學中意思不太一樣，形上學包含了本體論與宇宙論，但在天文物理學發達之後，宇宙論就歸屬於科學，所以當代的形上學實際上就等於是本體論）。但這個問題和人生意義的問題息息相關，也可以歸屬於人生哲學的範疇。

這個問題對人生的重要性何在呢？我想，雖然許多人不喜歡討論神的相關問題（可能大多是因為對宗教的排斥感），但大概很少有人會去否認，這個問題對人生意義大有關係。如果神存在，人生很可能是有意義的；如果神不存在，人生很可能沒有什麼特殊意義。而且，神存在或是不存在，對我們的人生方向的選擇有很大的參考作用。

例如，如果聖經所說的神是存在的，大家都應該好好讀聖經，並且遵循神許下的人生道路。

如果存在的是道教或是佛教的神，像是玉皇大帝與地藏王菩薩，那麼大家千萬別做壞事，以免墮入十八層地獄，永不超生。

先定義再討論，還是先討論再定義？

雖然神的問題事關重大，但大多數人對思考這個問題，通常沒什麼興趣。理由其實也很簡單，因為這個問題屬於沒有確定性系統的問題，光靠思考不太可能有一個確定的答案。既然沒有確定性答案，就不用浪費腦力去思考了。

然而，這樣的想法是錯的。哲學思考有可能在不確定性系統中尋找最大可能性，哲學論證有可能提升或是降低神存在的合理性，如果我們能夠經常靠向最合理的解答與決策，成功的機會就會愈高。

不過，每當在社群網路上有人討論神的問題時，最常看見的一個爭議是，「先把神定義清楚再說吧！」從一般人習慣的思考方法來說，這個建議很好，如果沒有先定義清楚，大家的定義都不同，根本無法好好溝通。但是，這樣的討論方式也是一種限制，尤其針對這種本來就不容易定義的概念，有可能定義的第一步就充滿爭議，根本無法討論下去，因而錯過很多精彩的論證。

但是，不先定義要怎麼討論呢？這也是哲學思考方法的好處之一，不先定義沒關係，可以先提論證，再思考在什麼樣的定義下，這個論證可以行的通，同樣可以達到目的。哲學思考可接受各種不同的討論順序，先定義、後定義，只要能避免雞同鴨講就好，針對不同類型的問題，可以有不同的討論方式。那麼，我們來看看，過去的哲學家們在神的問題上，留下哪些值得我們好好思考的智慧遺跡。

13 多瑪斯的宇宙論論證

在西方中古世紀，屬於天主教最興盛的時期，也是神學最熱門的時刻。人們生活在那個時代，會自然而然的認為，除了神學之外，其他學問都屬次要。而且，在神學方面，最強調的是信仰，而信仰未必需要理智的協助，所以，理性思考在那個時代並不受到重視。也就是說，在古希臘時期推崇理智追求真相的傳統，在中古世紀並未延續下去。當研究主題可能對神學提出挑戰時，還會受到歧視。這在人類科技文明發展上或許是件壞事，但活在當時的人們會不會由於生活單純，又有著堅定的信仰而比較快樂呢？這還有待研究。不過這類研究應該會遭遇很大的困難。連比較現在與二十年前誰比較快樂都很困難了，更別說要跟一千多年前的人比了。

中古世紀到了尾聲，或許是由於羅馬教廷的影響力降低，違背神學的思想開始蔓延，人們對神的信心也逐漸動搖。純粹訴諸（不用思考的）信仰的生活方式，也遭遇挑戰。因而出現「理智也可以協助信仰」的主張。

十三世紀哲學家多瑪斯（Thomas Aquinas, 1225-1274）認為，這個世界既然是由神所創造，我們便可以藉由神創造的世界裡所觀察到的蛛絲馬跡，來反推神的存在。這種推理方法所產生（針對神存在）的論證，一律稱之為「宇宙論論證」（意即由觀察宇宙來推論神的存在）。多瑪斯提出五個論證，這裡只針對前兩個來談，因為後三個對現代人的說服力比較低，較不值得討論。

「第一原動不動者」的論證

第一個稱之為「第一原動不動者」的論證。當我們觀察世界，會發現許多東西在動，而且我們也會發現，這些在動的東西都必須被另一個動的東西所推動，在這種情況下，我們可以一直追問下去，究竟是哪一個動者在製造動？這時，我們可能會遇到的情況有三種。第一種是無窮無盡的追問下去，沒完沒了，沒有一個開始。第二種則是循環影響（像是A被B推動、B被C推動，而推動C的卻是A）。但感覺上這兩者都是比較不合理的，難以想像那是怎麼一回事。比較合理的情況則是，我們發現有一個源頭，有第一個開始動的，而且這個動並不是被別的東西所推動（否則又要繼續追問下去了）。因此，這個比較合理的思路告訴我們，存在有「第一個開始動而且又不是被推動」的事物，簡稱為「第一原動不動者」。那麼，什麼樣的事物有可能成為這樣的存在呢？由於此性質超越了一般物質與生物的能力限制，因此，最好的答案是「神」。所以，藉由這種對世界觀察的推理，我們發現神的重要屬性之一，透過這樣的發現，我們更可以肯定神的存在。

這個論證或許對當時人們所具有的知識能力來說，應該有很高的說服力。但對現代人來說，說服力可能較低，因為，現代科學告訴我們，宇宙的一切開始於大爆炸。所以，一切的動都起源於大爆炸，而不是神。

但是，這個否定的理由不好，因為，從多瑪斯的角度來說，我們所謂的大爆炸也可以是神的重要屬性之一。這裡面的爭議點在哪裡呢？讓我們先看看第二個論證，因為問題很類似，而且第二個論證更容易指出這個爭議點。

「第一因」的論證

多瑪斯第二個主張神存在的宇宙論論證稱之為「第一因」的論證。藉由對世界的觀察，我們發現（或覺得）任何一個事件的發生皆有其原因，而該原因的發生也有其原因。如果一直追問原因，我們一樣會遭遇到三種可能性，而前兩種無窮無盡與循環影響都不合理，因此，我們一樣認為最合理的解答是有一個開始。這個開始是一切事物發生的原因，而且，它自己卻不是任何原因的結果，這個東西稱之為「第一因」。多瑪斯認為這個第一因也顯示了神的存在特質。

當然，以現代科學來說，要說明這個第一因，也不用假設神的存在，我們只要用大爆炸就可以解釋了。無論是「第一原動不動者」，或是「第一因」，它們其實都是宇宙起源的大爆炸。

這樣說感覺上比較科學，但是，讓我們細部考察這個科學主張。這個作為宇宙起源的大爆炸為什麼可以是第一因呢？也就是說，為什麼大爆炸的發生可以沒有原因？基本上沒有任何科學可以說明這件事，最多只能說，因果律（凡事必有因的法則）是大爆炸之後才發生的，大爆炸之前根本沒有所謂的因果律，所以，大爆炸本身不用遵循因果律。

這樣的說明就像科學在解釋「時間」一樣。當有人問大爆炸之前的宇宙是怎樣時，科學家們可以回答，沒有所謂「大爆炸之前」這種東西，因為時間是大爆炸的產物，所以只有大爆炸之後，沒有之前。大爆炸作為一個時間的開端，這在當代愛因斯坦相對論時空觀的架構下是可以理解的說法，因為時間可以視為一種特別的空間向度，而整個宇宙時空，都是在大爆炸所造成的膨脹中開始出現的。然而，類似的說法卻很難套用在因果律上。

「大爆炸」與「因果律」

「因果律」是什麼？為什麼大爆炸能夠創造這個東西呢？無論是科學或是哲學，我們完全無力回答這個問題。也就是說，用大爆炸理論來說明第一因，比起多瑪斯用神的屬性來說明第一因，實際上並沒有好到哪裡去。針對「第一原動不動者」的說明也是一樣，我們無法解釋為什麼這個大爆炸可以沒有推動者，這裡面充滿了「謎」。

而這樣的謎，由我們根本不瞭解的力量所造成。既然當今科學完全無法說明清楚，那麼為什麼不會是一股神祕不解的超越界力量所造成的呢？當然，事實不一定就是如此，多瑪斯的論證也不是真的能證明神的存在，但是能讓神存在的可能性提高許多，成為一個值得參考的觀點。

14 安瑟倫的本體論論證

十一世紀哲學家安瑟倫（Anselm of Canterbury, 1033-1109）提出了第二種關於神存在的論證，這個論證是從「神」的基本屬性來主張神的存在。「本體」這個詞是指「存在的基本屬性」，因此這樣的論證就可以稱之為本體論論證。

神是包含一切的嗎？

由於本體論論證是個比較奇怪的論證方式，我們很難從其論證本身找出其確切的推理過程，因此，有很多種不同的解讀版本。對現代人來說，比較合理的論證解讀方式如下：「神是包含一切的，包含一切的當然包含存在，既然神的屬性包含著存在，那麼，神當然就存在了。」

由於在我們的認知中，神的基本屬性之一就是「包含一切」（或者說是包含一切好的、完美的事物）。而且這個一切不僅僅針對物質世界，也針對觀念世界，也就是我們思想中各種用來思考的概念，而「存在」是觀念中的一種，所以，從這個屬性去推測，神當然就是存在的了。

從這個角度來看，當我們問，「神是否存在」時，就像是在問「紅花是不是紅色的」一樣荒唐，紅花當然是紅色的，不是紅色的就不叫做紅花了。神當然也是存在，否則祂就不叫做神了。既然神不可能不存在，那麼，神當然就是存在的了。

當人們第一次看到這個論證時，可能會有一種暈頭轉向的感覺，看起來好像有點道理，可是不管怎麼想都像是個詭辯。怎麼可能就這麼簡單的證明神存在了呢？如果有這樣的感覺，表示大腦的偵錯感覺良好，這個論證當然是有問題的。（讀者可以先自己想想看，問題是在哪裡？有想法後再繼續往下讀。）

是否有最大的事物存在？

依據這種對神的定義，神既然是包含一切的，祂自然就包含存在了，因此在這個定義下再問，「神是否存在？」就很荒唐了。這個推理是沒問題的，但是我們可以問，「是否真的有任何事物可以包含一切？」這個問題也就是在問，「包含一切」是否可以成為某個存在物的基本屬性？另一種問法則是，「我們為什麼可以這樣定義神？」如果我把魔法師的水晶球定義成能夠包含一切的東西，那麼這個水晶球是否就一定存在了？

所以，真正的問題點在於，「是否有一種可以包含一切的存在體呢？」針對這樣的問題，另一種本體論論證的解讀就派的上用場了。「一定存在有最大的事物，最大的事物必定包含存在，否則，祂就不是最大的，因此，最大的事物必定存在。而神就是這個最大的事物，因此，神存在。」

在這個論證中，請不要把「最大的事物」想像成一個體積龐大的東西，不是這個意思，而是針對無論是實體事物，或是觀念世界的事物（尤其是那些屬於完美性質的觀念）整體來說最大的。在這樣的定義下，最大的事物當然是存在的，而且最大的事物如果不包含存在，那麼，祂就不足以稱為最大的事物了。這些應該都沒什麼大問題。但問題在於，就算神是這個最大的事物，我們也只能說，有個很大很大的東西叫做神，這並不表示神還有其他我們期待的特質，像是關心、愛等等。是這樣嗎？

不是的，神當然包括了關心、愛、善、美等等特質。因為，我們所謂的「最大的東西」是包含各種觀念的，所以這些都會包含在內。這時我們可能心裡要反彈了，包含這些觀念有什麼用呢？有這些觀念並不表示真的具有這樣的特質，否則，每個人都是神了。因為每個人都具備這樣的觀念，不是嗎？

柏拉圖的「理型界」

對於現代人來說，這樣的解讀是很正常的。但如果只是這樣，這個本體論論證就沒什麼好談的了。這裡我們必須走進另一個哲學世界，在那個哲學世界中，這個論證會變得很不一樣。這個哲學世界稱之為柏拉圖的「理型界」。

補充說明 柏拉圖的理型界理論

柏拉圖（Plato, 423BC-348BC）是古希臘哲學家蘇格拉底的弟子。在那個時代中，他們遇到一個哲學問題：「我們怎麼可能學會各種抽象的觀念？」例如，我們從沒見過完美的圓形，為什麼我們具有完美圓形的觀念（現代人比較喜歡稱之為「概念」）？或者，我們具有「三角形」這樣的觀念，可是，這個世界上卻沒有任何一種形狀可以完全符合這個觀念。因為，這個世界上真實存在的三角形有很多種類，有大、有小，還有直角、銳角、鈍角，而這個概念卻可以包含全部，那麼，這個概念究竟怎麼來的？

現代認知心理學的回答是，我們具有一種統合的能力，可以把不同事物的相同處抽取出來，然後形成一個概念去把握它。那麼，我們就具備這種類型的概念了。這個解釋很好，但是，我們完全沒有任何腦科學證據可以支持這樣的說法，這種抽象機制在大腦中是如何運作的呢？當然，我們可以嘗試建立一套運算法則來說明它如何可能，卻不能確定大腦真的是這樣在運作的。我們目前只能說，這樣的解釋是比較合理的。的確如此，這樣的解釋感覺上比較像是對的，只不過，在沒有實質證據出來之前，它始終只是一個合理的解釋，我們還必須考慮其他合理的解釋。

柏拉圖則認為，我們不可能學會從來沒見過的東西。這個主張是個關鍵的爭議點。這不同於當代科學的解釋。當然，或許這個主張目前說服力較低，但並不表示它一定是錯的，因為，目前我們也還沒有足夠的經驗證據主張，大腦真的可以憑空學會從沒見過的東西。那麼（做哲學思考偶爾得冒一下風險，否則，就進不了浩瀚的思維世界了），讓我們先假設萬一柏拉圖是對的，會有什麼趣事發生呢？有的，如果在這個爭議點上，柏拉圖是對的，那就好玩了。

既然我們不可能學會從沒見過的東西，那麼，這些關於完美圓形和三角形的觀念是怎麼來的？答案當然就是「與生俱來的」。既然是與生俱來的，我們就可以很合理的推測，在此生之前，我們見過這些觀念。

這個結論不僅告訴我們生前的生命存在，也同時告訴我們，有一個所有觀念都實際存在的世界。這個世界稱之為「理型界」（有時也被翻譯為觀念界），而在這個世界中，各種觀念是真實存在的，有真正完美的圓形，有真正的三角形，甚至也可能有真正的桌子、椅子，甚至還有關心、善、正義等等。這些都實際存在於觀念界之中。我們由於先在觀念界認識了這些事物，所以在此生才能藉由這些觀念認識其他不完美的事物。這也是柏拉圖所謂的「知識即回憶」的理論。

你期待尋找怎樣的神？

如果柏拉圖這個想法是對的，也就是真的有理型界的存在，讓我們重新看看這個神存在的本體論論證。如果存在有一個包含最多事物的東西，而這個事物自然不會是只存在於人世間的，一定也同時存在於理型界，那麼，這一個最大的事物不僅包含著存在，也應該同時包含著關心、善、愛、等等屬性，作為一個我們心中一般定義下的神來說，是毫不遜色的。因此，這個論證也在某種程度上，針對神的存在問題找出了一個更合理的理論依據。尤其如果你信奉柏拉圖思想，你會覺得這個論證有著較高的說服力。然而，這個論證的缺點也在此，如果你不認同柏拉圖，這個論證的說服力就會很低了。所以，說服力常常沒有一個客觀標準，要看你站在什麼樣的世界觀在解讀一切。這也是在沒有確定性的系統中思考的一個特色。

另外，也有人把這個論證解讀成「神是最偉大的，而最偉大的必然包含存在，否則祂就不是最偉大的了。因此，神存在。」依據這樣的解讀，這個論證在邏輯上很有說服力，但問題在於，究竟最偉大的存在者是誰呢？對一個國家來說，最偉大的可能就是總統吧。對全宇宙來說，最偉大的或許是星際聯邦主席（如果真有這樣的組織的話）。如果我們想要稱呼他為神，或許他不會反對。但這樣的神即使存在，也不是我們期待尋找的神了。

15 惡的難題

在西方傳統中，把神定位成全能與全善，也就是一個無所不能又心地善良的存在者。針對這樣的定義產生了一個疑惑，為什麼「邪惡」一直持續不斷的存在呢？

全能全善的神是否不存在？

在古代，人們認為一切的惡事，像是水災、風災或是旱災，都是由一股邪惡的力量所引起。所以，既然神全能全善，為何不去撲滅這股邪惡的力量？透過這股邪惡力量的存在，我們便可推出，「全能全善神是不存在的。」這也或許為什麼在古希臘神話中，神都有其私心，雖然能力很強，但並非全善；或者心地非常善良，但能力有所不足。

到了現代，我們不再認為這些惡事是由邪惡的力量引起，但是它們依舊是惡事。經常可以從報導中看到，在世界各地救災的宗教團體志工們，或是在災難現場努力救人的工作團隊，盡了最大力量救援，這時我們一樣可以問，為什麼全能全善神不出一點力量呢？或者，為什麼不一開始就讓災難不要發生？既然惡事不斷發生，這就表示全能全善者不存在。我們以論證形式重新表達如下：

(1)全能神有能力消弭惡事。
(2)全善神會想要消弭惡事。
(3)惡事繼續存在。
(4)所以，全能全善神不存在。

這個論證表面上來看只是針對基督教的全能全善神，但實際上不然。在佛教中，我們常常說觀世音菩薩多麼大能又慈悲，雖然或許沒有到全能全善的地步，但阻止災難發生的能力總還有吧，救苦救難的慈悲也還有吧，我們一樣可以問，在這麼多人受災難襲擊的時候，這些仙佛們在哪裡呢？為什麼不伸出援手？難道他們的善心比人都還不如嗎？

這個論證讓我們的思考朝兩個方向前進。第一個方向就是接受這個結論：「全能全善神根本不存在」。依據這個主張，甚至可以進一步推理出「具有大能與慈悲的神也不存在」。因為，總還是有許多處於無助狀態的人們正在受苦。為什麼這些具有大能又慈悲的神佛們不去幫助他們呢？這似乎是不合理的。所以，這條思路不僅可以否定全能全善神，也可以否定大能慈悲神。而且，如果神連「大能慈悲」的屬性都不具備，這樣的神就不符合我們心目中對神的定義了。所以，這條思路甚至可以否定神的存在。

惡是否根本不存在？

如果不接受第一條思路，我們可以考慮另一種想法，「神或是仙佛們對善的觀點跟我們不一樣，這些惡事都有其特殊的存在價值，因此祂們才不會去干預。」我們可以用一個日常生活的例子來說明這個看法。

當主人帶著貓咪要去打預防針的時候，貓咪通常很害怕。牠們害怕去獸醫院，所以對牠們來說去獸醫院是一種惡事。於是，牠們喵喵叫祈求著不要去獸醫院。如果牠們也有能力推理，可能會想：「主人如果有能力不帶我去獸醫院，而且又很愛我，那麼主人就不會帶我去獸醫院了，但主人還是這麼做了，由此可知，主人若非能力不足，就是不夠愛我。」我們知道這個推理是錯的，錯在貓咪缺乏一些知識瞭解某些惡（打預防針）的必要性。由此做類比，是不是由於我們某些知識的缺乏而不瞭解惡的必要性，才做出這個「惡的難題」的推理呢？

類似這種重新定義惡的想法，可以呼應西方四世紀的哲學家奧古斯丁（Aurelius Augustinus, 354-430）。他主張，實際上惡根本不存在，我們所看到的惡只是善的缺乏，就像是光沒有照到的陰影一般。

這樣的比喻很類似當代科學對「熱」的說明。我們有時會覺得冷，認為世界上有熱和冷兩股力量。但是，從科學的角度來看，只有熱的存在，而沒有冷的存在。「熱」是分子的運動所產生的，運動愈激烈，熱度就愈高。而「冷」，只是缺乏熱，或是不夠熱而已。因為，當分子停止運動時，就沒有熱了，這就是最低溫的絕對零度，無法有比這更低的溫度了。所以，在真實世界中，只有熱的存在，而沒有冷的存在。當我們感覺到冷時，實際上只能說是「不夠熱」。奧古斯丁以類似的觀點重新定義惡，而能夠躲開惡的難題的攻擊。

然而，無論是主張神不存在，或是對惡重新理解，這兩條路線都會導引我們進入一個與現在多數人不太一樣的人生態度。多數現代人對神佛的存在半信半疑，但當發生困苦時，大都會祈求神佛的幫助。如果思想走第一條路線，那根本不會有神佛來幫助我們。如果是第二條，我們就必須好好思考所遭遇苦難的內在意義為何？如果這些苦難有其特殊的意義，神佛自然不會插手干預，除非我們已經接受了這些苦難帶給我們的重要訊息。當苦難本身的價值喪失時，如果真有大慈大悲的神佛存在，那自然就會施加援手，創造奇蹟了。

16 全能神的存在詭論

針對神在全能屬性方面的討論，還有一個著名的論證，這個論證也常在日常生活中，被人們用來質疑基督教的全能神概念：「全能的神是否能製造一個自己搬不動的石頭呢？」如果可以的話，那將存在有神搬不動的石頭，如此一來神就不是全能的。如果不行，那就有神做不到的事，那麼神也不是全能的。因此，無論如何，神都不是全能的。

思考解析「全能悖論」

這個論證稱之為「全能悖論」，它雖然看起來很有說服力，但實際上只是一個可以用來作為邏輯思考訓練的詭論而已，因為這個推理缺乏實質意義。首先，我們先將這個論證的完整邏輯形式展開來看：

(1)如果神可以製造一個自己搬不動的石頭，則神非全能。
(2)如果神不能製造一個自己搬不動的石頭，則神非全能。
(3)神可以製造或不能製造一個自己搬不動的石頭。
(4)因此，神非全能。

補充說明 符號化

假設，

P：神可以製造一個自己搬不動的石頭。Q：神是全能的。

~P：神不能製造一個自己搬不動的石頭。~Q：神非全能。

「→」代表「如果……則……」；「∨」代表「或」。

則此論證可符號化如下：

(1) P→~Q
(2) ~P→~Q
(3) P∨~P
(4) 所以，~Q

上面這個邏輯形式是完整的（以邏輯術語來說叫作「有效的」，意即如果前提全部為真，則結論也必然為真）。所以，我們的確可以透過這個論證，「符合邏輯地」導出全能神不存在。然而，問題就出在這裡：「符合邏輯」。

針對這個「符合邏輯」的標準，我們可以進一步問一個問題，「全能的神是否要遵守邏輯規則呢？」也就是這個「全能」是否包含了能夠超越邏輯的限制？如果不行的話，那這位全能神不能做的事情可就多了，祂不能把我變成「既是男人又不是男人」（違反邏輯基本定律之矛盾律）；也不能把天氣變成「既下雨又不下雨」；祂也不能「既不是能製造又不是不能製造這樣的石頭」（違反邏輯基本定律之排中律）。所以，如果我們把「全能」界定在不能超越邏輯規則，那麼這個定義早已經將神的能力限制住了，也就不適於再用無法超越邏輯的理由來批評祂的全能，這樣的批評是沒有意義的。

消解思維混亂，撥雲見日

當然，我們也可以把神的全能界定成「可以違背邏輯規則」，但如此一來，邏輯根本就不適用於討論這種全能神的存在與否。就算勉強去討論，這個論證的前提三也無法成立。因為這樣的全能神將有能力「既不是能製造又不是不能製造這樣的石頭」（違反排中律）。所以，從這個角度來看，這個論證的結論也無法成立。

也就是說，這個論證只是製造了一場思維上的混亂，沒能針對（全能）神的存在與否及其特質在合理性上有任何進展。在哲學上以及在日常生活中，這類問題與論證很多，是需要解消的東西，而解消它們常常需要很強的分析能力。所以，哲學的重要功能之一是撥雲見日的作用，把混淆的思維釐清，讓真正的問題呈現出來。

17 康德論神存在論證

針對神存在問題的哲學討論來說，到了十八世紀，出現了一個從不同角度思考的哲學家——康德（Immanuel Kant, 1724-1804）。他認為探討神存在問題有個根本困難，這個困難超越了我們理智的能力範圍，我們不可能藉由理性（包括哲學論證與實驗方法）來證明神的存在與否。因為，神的屬性根本不在人類理智的能力範圍。這是他在其著作《純粹理性批判》中，反思人類理智能力的限制後得出的結論。

真實世界是什麼模樣？

以多瑪斯企圖依據對宇宙的觀察來尋找神存在的蛛絲馬跡來說，康德認為這種嘗試是會失敗的，因為我們根本不可能觀察到真實的宇宙，理由是我們對宇宙的認識都是建立在一種內建的認知架構上，而不是直接認識宇宙的真實本體（康德稱宇宙本體的存在事物為「物自身」

（things-in-themselves），意即「絕對客觀的存在」，而且主張人類不可能透過理性思考把握物自身）。

舉例來說，我們會依據時間與空間的架構來認識事物，無法想像任何東西不在空間中，或是不在任何時間中，但是時間與空間未必是像我們以為的這樣存在，甚至未必真實存在。在這種情況下，我們無法認識真實事物，而平時所認識到的，都是經由認知架構塑造之後的產物。所以，依據這些非真實世界的線索來推測神的存在是不恰當的。

另外，就算我們認識的時間與空間的確就是真實世界的顯現，但神的定義是無限（超越空間限制）與永恆（超越時間限制），這些都是超越我們認知架構的東西，根本不可能被理智所把握。

以上面那個全能悖論來說，如果神的全能真的能夠超越邏輯的限制，即使我們找到任何「神存在會導致矛盾」的證據或論證也是沒有用的，因為神的這個屬性已經超出了我們能夠思考範圍。我們無法思考矛盾如何可能，那麼我們根本無法藉由思考去把握祂。

理性思考也無法掌握的事物

此外，我們也無法證明神的存在，就算神現身在我們面前，又如何知道這是不是一場騙局呢？就算祂展現了超乎想像的力量，我們又如何知道，這不是高科技外星人想要控制地球人類，而弄出來的把戲呢？我們根本無法證明祂是否全能？只要對神的定義超過人類認知能力，像是全能、全善、時間與空間的無限，我們就無法用理智去把握。

雖然康德的論證很有說服力，但他也只是提出，要完全證明這種具有超越人類認知極限屬性的神是不可能的。然而，如果我們只是希望在論證中能增加或減少其合理性，並且讓我們的人生有個很好的參考依據，哲學上的討論以及科學上的證據，還是能夠做出一些貢獻的。

18 馬雷夏的自然欲求論證

二十世紀初期，哲學家馬雷夏（Joseph Maréchal, 1878-1944）設計出一個頗為特別的神存在論證。不從神的屬性來推論神的存在，而是從人的某些特質來推論神的存在。論證可描述如下：

(1)人的欲求可以分為自決的與自然的。
(2)自決欲求的被欲求之物雖不必然存在，但自然欲求的被欲求之物卻一定存在。
(3)人對神的欲求是自然的欲求。
(4)因此，神存在。

自決欲求與自然欲求

在這個論證中，首先馬雷夏把人的欲求區分成自決的與自然的。自決的欲求來自於後天某些特殊環境或文化所導致的慾望，像是想要成為蜘蛛人，或是想要養一隻麒麟。被這種慾望所欲求的事物不一定存在，這些事物有可能純粹來自於人們的幻想。但是，自然的欲求則屬於天生每個人都會渴望的東西，像是渴了想要有可以解渴的東西，餓了想要有可以解飢的東西。在這樣的區分下，馬雷夏發現，凡是屬於這種自然渴望的事物都一定存在，讓我們有機會可以追求的到。

他也認為，人們對神的欲求屬於天生的欲求，每個人天生就希望有神的存在讓我們能夠安身立命。因此，馬雷夏推出，神存在。

這個論證的前提(1)比較沒有爭議，針對前提(3)，由於絕大多數的文化都發展出關於「神」的觀念，其屬性不盡相同，但都有滿足人類某些天生渴望的共通性（像是以大能懲罰惡人維護正義或是救苦救難等等）。加上從我們自己內心觀察，以及對他人行為的解讀來反思，可以發現人們總是會期待有大能神的存在，來協助我們度過難關。所以，前提(3)的爭議也較小。比較會有爭議的應該是在前提(2)。

可以支持前提(2)的理由很多，但從現代人的觀念來看，較有說服力的理由是可以訴諸一個稱之為「歸納法」的科學方法。藉由針對我們所有可驗證的自然欲求做觀察，發現被欲求之物都存在（不會讓我們的慾望無法得到滿足），再推廣至主張所有被自然欲求之物都存在。

雖然歸納法不保證一定可以推出正確結論，但這樣的推理方法有相當程度的可信度，否則，我們也不用相信科學了，因為科學也大量使用歸納法。如果想要找出這個論證使用歸納法的不適當之處，就必須指出對神的欲求不是自然欲求，或者就算是的話，只要對神的自然欲求與其他自然欲求不同，也就不能一概而論了。所以，問題關鍵點在於，對神的欲求和對其他事物的自然欲求有何不同？我們可以發現，它們的確有不同之處。至少，從演化論的觀點來看，他們是不同的。

演化論帶來的挑戰

這個論證遇到比較大的挑戰可能會是演化論。演化論認為，我們的各種自然欲求都是演化的結果。例如，如果沒有可以解飢的東西，就不會演化出飢餓的感覺，因為就算突變出這種奇怪的欲望，很快會被天擇淘汰掉。然而，這樣的演化解釋不適用於說明對神的欲求。也就是說，一旦突變出對神的欲望，即使神不存在，這種天性還是有可能成為天擇的優勢而被保留下來。相反的，那些對神沒有自然欲望的人，比較可能違反宗教教條，這些人反而會在人類社會中被排擠、處罰，而導致這個基因遭到淘汰的命運。

所以，對神的欲求與對飢餓的欲求應該放在不同的領域來考量。如果是這樣的話，我們就不能藉由那些自然欲求物的「都存在」來推論「神存在」了。

補充說明 演化論

以達爾文為主流的演化論主張，所有生物是依據兩個機制演化出來。第一是「突變」，突變是隨機的，當基因受到某些像是紫外線或是輻射照射時會產生變異。第二則是「天擇」，在突變後，會產生不同的生命體與生命特質，較具有生存優勢的會被大環境保留下來，這就是所謂的「適者生存」。其他不適者會被淘汰掉。

當然，演化論的解釋在目前的各種理論來說，雖然比較合理，但是其本身也有困難的地方。因為，光是靠著「隨機突變」和「天擇」，就能演化出像人類這般非常複雜的生命體，可以說實在是件匪夷所思的事情。這個部分，科學目前也沒有任何比較好的解釋。

19 巴斯卡的賭博論證

在哲學史上，針對神存在問題，曾出現過一個非常有趣的論證，由十七世紀的哲學家巴斯卡（Blaise Pascal, 1623-1662）所提出。這個論證其實不是用來提高或是降低神是否存在的合理性，而是提出一個選擇上的考慮，我們究竟應該要相信神存在，還是相信神不存在呢？他認為，如果這是一場賭注的話，應該賭神存在這邊，這個論證就稱之為「賭博論證」。論證如下：

(1)賭神存在有可能贏，但不可能輸。
(2)賭神不存在有可能輸，但不可能贏。
(3)賭注當然要選擇贏面高的。
(4)所以，我們應該賭神存在。

賭注的四種可能性

為什麼巴斯卡認為賭神存在有可能贏，但不可能輸；而賭神不存在有可能輸，卻不可能贏呢？請看下面這個表格：

	實際上神存在	實際上神不存在
賭神存在	贏了	沒輸
賭神不存在	輸了	沒贏

這個賭注總共有四種可能性，第一個可能性是實際上神存在，而且我們賭神存在。那麼，我們便會信仰神，走上神許下的道路，在這種情況下，我們很可能會贏得這個人生。因此，這個賭注結果是「贏了」。

第二個可能性是，賭神存在，但實際上神不存在。在這個狀況下，巴斯卡認為，一個神不存在的世界其實是個沒有人生意義的世界，不管我們怎麼生活實際上都沒差，所以，雖然我們的賭注並沒有押對，但實際上也沒有什麼可以損失的。在這種情況下，結果是「沒輸」。

第三種可能性則是賭神不存在，但神是存在的。由於我們賭神不存在，因此不會走上神許下的道路，在這種情況下，我們將錯失一個正確的人生方向，把很有價值的人生給輸掉了。所以，這個賭注的結果是「輸了」。

第四種可能性則是賭神不存在，而實際上神的確也不存在。這個賭注雖然押對了，但如前所述，一個神不存在的世界是沒什麼意義的，即使押對也無法贏得有價值的人生，所以，這個賭注結果是「沒贏」。因此，巴斯卡認為，在這樣的賭局中，理性思考的我們應選擇相信神存在。

大贏與小輸

或許有人會反駁說，「賭神存在但實際上神不存在時，會損失很多快樂的生活。因為，做一個信仰者必須犧牲一些樂趣。」如果要把這種損失算進來的話，巴斯卡的圖表可以修改如下：

	實際上神存在	實際上神不存在
賭神存在	大贏	小輸
賭神不存在	大輸	小贏

因為贏得人生是大贏，而損失一些生活樂趣也只能算是小輸而已。反過來說，輸掉人生是大輸，而贏得一些生活樂趣也只能算是小贏。那麼，結論就可以改成：「賭神存在有可能大贏，但不可能大輸；而賭神不存在有可能大輸，卻不可能大贏。」在這種情況下，當然還是應該賭神存在了。

然而，這個論證還是有其他問題。它預設了我們只有兩個選項，一個是不相信神的存在，另一個則是相信基督教神的存在。這應該可以算是一種不當的二分。如果我們只有這兩個選擇，那麼這個論證是很合理的。但如果我們相信的是不同的神，像是佛陀，這個論證就未必能成立了。因為，在基督教中，耶穌說：「我就是道路、真理、生命，沒有通過我，沒人能到父那裡去。」

我用我全部的人生意義押神存在！
嘿嘿，如果神不存在，人生根本沒意義，我什麼也沒輸。

所以，如果不相信耶穌，那就無法到達天堂樂園。但是，如果是佛教的話，就算不信佛陀，只要修行得體，一樣能證得菩提果位。

所以，這個論證在基督教社會文化裡面，有著較高的說服力，但對於像是台灣這種許多宗教都很熱門的地方，其說服力就較低了。

前面討論的這些論證是哲學史上關於神存在論證中較有價值探討的，在吸收這些智慧精華之後，可以自行思考其他是否有更合理的理由，來讓我們的理智選擇相信或是不相信神的存在。

20 主張人生意義不是追求快樂的「經驗機器論證」

在追尋人生意義方面，哲學目前雖然不能肯定告訴我們人生意義是什麼，但是，在旁敲側擊的追尋中，還是有一些成果值得參考。首先，我們有很高的合理性可以主張，大家一般認為的「追求快樂」（無論是哪一種快樂），並不是人生的意義。

現代哲學家諾齊克（Robert Nozick, 1938-2002），提出一個稱之為經驗機器的論證，主張「快樂不是人生的意義」。其實這個論證的結論應該是說，「任何經驗都不是人生的目的」。但因為許多人把快樂當作人生應該追求的目標，而且由於無論是哪一種快樂，都算是一種經驗，所以這個論證就變成是在反對將快樂當作人生意義了。

人生有比快樂更重要的東西

這個論證也是思想實驗的產物。假設有一種可以提供給我們任何經驗的機器，就稱其為「經驗機器」。

由於我們的人生是由一大堆各式各樣的外在感官與內在情緒經驗所串聯起來，所以這樣的機器等於可以給我們完全不同的人生。而且，還可以輸入自己希望得到的經驗，更棒的是，可以設定不會在機器中感覺到這些都是事先計畫好的。因此，我們可以過一個在感覺上和真實經驗完全一樣的人生，而這樣的人生充滿自己期待的各種快樂。在這樣的假設下，諾齊克問了一個問題：「有沒有人希望進入機器後永遠不要出來，未來就在機器中度過，享受完全的快樂人生？」

這應該是享樂主義的最高境界了吧！多數人不都是享樂主義嗎？但奇怪的是，雖然聽到後第一個念頭大多是，「這真是太棒了！」但只要再多考慮一下，除了那些不假思索的人以及（想放棄人生的）特例之外，多數人都不願意了。

為什麼會這樣呢？我們不是一直希望追求快樂嗎？當完全的快樂即將獲得的時候，為什麼卻拒絕了？

不願意的理由很多，像是「割捨不下那些讓你操心的人與事」、「責任未了」，或是「不願過那種虛假的人生」等等。無論是什麼理由，至少都可以說，「追求快樂」這件事情不能完全滿足內心的需求，在每個人內心深處，藏有比快樂更重要的東西，等著我們去完成。也就是說，如果真的有人生目的這一回事，而且人生目的就藏在每個人內心深處，引導著我們，那麼只要到達那裡，便可以獲得完全的滿足。在這樣的假設下，我們雖然仍不確定那是什麼，但至少可以知道，那並不是在追求任何快樂。快樂或許可以作為人生的指標，但其本身不會是個目的。

21 人生意義的知識不是語言能夠表達的知識

第二個關於人生意義的線索是，如果人生有意義的話，這種人生意義的知識應該屬於難以表達的知識型態。

二十世紀初期的哲學家維根斯坦（Ludwig Wittgenstein, 1889-1951）也對人生問題有著很值得探討的見解。他認為，如果有一天我們解決了所有科學問題，人生意義的問題仍舊會處在一個原封不動的狀態。因為，他認為人生意義的問題無法被解決，而是需要被解消。也就是說，問題本身才是問題的關鍵。

為什麼人生意義的問題沒有解答？

不管人生意義問題是否有解答，或是必須被解消，都可以是一種生命的答案。我們也可以把這種「解消人生意義問題」的思考能力或相關體會當作一種知識，而且把這種知識看成人生意義問題的解答。我們可以說，如果人生意義問題有解答的話，這種解答的知識應該屬於無法用語言表達清楚的東西。否則，照理說，歷史上應該已經有許多人找到了人生意義的解答（或已經解消人生意義問題），而且也真的很多人這麼宣稱，然而他們大多無法清楚告訴我們那是什麼，說法也不太相同。在這樣的情況下最好的解讀是，回答人生意義問題的知識屬於非語言範圍內的知識。

維根斯坦的這個推理，用以下的說明來表達會更清楚。

假設人生意義的問題（無論應該要被解決或是解消）有解答，但我們無法透過閱讀古人典籍而知道這個解答，那麼有幾種可能性：

(1)人無法發現人生的意義。
(2)人有能力發現人生意義，但從沒有人找到過。
(3)有人知道人生意義，但不願意寫下來。
(4)有人知道人生意義，而且也寫下來了，但是我們無法藉由寫下來的文字瞭解（或解消）人生意義，因為其知識型態屬於非語言表達範圍。

在這四種可能性中，維根斯坦認為第四種的合理性最高。不過，他認為這種非語言的知識實際上並不能解答人生意義的問題，而是去解消這個問題。讓問題不再是一個問題。而當這個問題不再是一個問題的時候，也等於解決了我們心中的困惑。那麼，這也算是一種解答。

事實上，從我們當今對人性的判斷來看，也應該是如此，至少第三種可能性非常的低。因為如果我們自己知道了人生意義，應該會很樂意跟別人分享。推己及人一下，別人應該也是如此。而第一點和第二點的假設比較缺乏意義，當我們假設人生有意義的情況下，又再假設沒人知道人生意義，這是沒有什麼價值的思考。當我們假設人生有解答時，同時需要假設人有能力發現這個解答（不然就不能算是一個解答了）。既然可以發現，便可以合理相信古人曾經發現人生解答，或至少發現人生意義的問題可以被解消，而且他們也留下了語言文字協助我們去探索，但像老子與釋迦牟尼一樣認為真理（或真道）是不可說的，強調這是非語言範圍內的知識。這樣的吻合也讓我們認為，第四點的可能性是最高的。

無法用語言表達時，要怎麼做？

如果真是如此的話，要想尋找人生的意義，我們就必須進入一個非語言的認知世界。對大多數人來說，這是一個幾乎完全陌生的世界，因為自從學會語言之後，我們已經太習慣使用語言來認識世界與把握世界，如果不使用語言，我們甚至不知道該怎麼思考，也難以回頭認識內心世界的自己。事實上，我們對自己的認識經常被語言框住而產生扭曲，若不擺脫語言的束縛，難以找回真正的自我。

當人生意義的解答在非語言的認知世界時，也表示我們幾乎完全無法依賴他人尋找解答，因為我們是靠著語言在互相溝通，當解答不在語言可描述範圍時，別人就算知道答案，也對我們幾乎沒有幫助。

如此一來，我們就不用期待透過閱讀經典來發現人生解答，自然也不用期待在演講中可以聽到。人生的學問需要透過一種實踐的體會，產生一種非語言的領悟，要做到這點，我們必須先進入非語言的認知世界裡。然而，西方哲學主要的工具是語言，當一個問題的解答超過語言的範圍時，就像維根斯坦所說：「對於無法用語言表達的，我們就保持沉默吧！」於是，溝通的管道被關閉，人們自行進入那個屬於靈性成長的世界裡，尋求在成長中發現真理。

22 瞭解人生意義需要實踐型知識

第三個線索，人生意義很可能必須透過某些實踐與自我的蛻變去掌握，而不是純粹經由推理來瞭解。我們來看看這些想法是怎麼獲得的。

前面談到了非語言型的知識。這種知識不是西方哲學的長處，西方哲學主要訴諸語言的說明與邏輯論證的討論，而東方哲學在針對非語言型的知識較為擅長。這裡牽涉到一個很重要的知識型態，稱之為「自我知識」。

如人飲水，冷暖自知

「自我知識」通常在學界的使用上有兩種意思，第一種是指「只有自己才知道的知識」，第二種是指「關於自我的知識」。然而，這兩種意義通常會指向相同的東西，就是「必須從自己內心去觀察，屬於那種如人飲水，冷暖自知的知識」。這種知識只有自己才能確定，而且常常也跟自我相關，例如，「良知是什麼？」能在心中清楚感覺到良知作用的人，可以透過內省發現良知的存在，及其究竟是什麼東西，這樣的知識很難傳達給不知良知為何物的人。

不過，也有一些只有自己才能確定的知識，也很難用語言表達，但跟自我比較無關，像是「紅色和綠色的差別是什麼？」當我們在談自我知識時，比較著重在第一個意義。

東方哲學所強調的自我知識，不僅只有自己知道，而且還是必須透過某種實踐後才能獲得的知識，這種知識在獲得之後，也難以用語言表達清楚。例如，透過某些對自我的觀察，發現內心深處的「佛性」；或是透過某些修煉，體悟了何謂「真道」。這類知識都屬於無法藉由語言學習的。對於知道的人來說，互相可以溝通，但難以確定所談的是否完全是同一回事；對於不知道的人，卻是怎麼解釋都沒有用。

東方哲學無論是儒、道、佛，都相當重視這類型的知識，並將這類知識作為整個理論的核心。所以，基本上，研究東方哲學是難以和實踐脫鉤的，純粹的理論研究很可能會偏離其核心。這與大部分的西方哲學可以用語言來討論有很大的不同。

兼具思考者與實踐者

在東方哲學裡，人生意義問題的答案就在這種自我知識之中。因此，從東方哲學的觀點，在追求人生意義的目標下，我們不僅要成為一個思考者，還必須成為一個實踐者，否則，當我們無法掌握必要的核心知識，任何思考與推理都是惘然的。

在儒家理論中，「天命之謂性，率性之謂道，脩道之謂教。」如果把古人說的「天命」當作是人生的意義，尋找人生的意義就是去探索我們最內在的本性。而跟隨這些本性處事，就是我們該走的人生道路。不斷反思是否做的正確，就是我們需要的教育。這裡所需要掌握的內在本性，就是一種自我知識。

道家則主張「道可道，非常道。」認為「道」是無法用語言表達的，我們只能從個人的心中去領悟它。這和禪宗所說的「悟道」或許是類似的意思。既然真道無法用語言表達，那麼我們可以說，任何經典所記載的關於「道」的說法，從其字面意義來說，都是不正確的。也就是說，我們閱讀經典應更重視個人內心的體會與把握，而不是專注在語言文字中的精確意義。這一條領悟的道路，似乎只能靠自己摸索，獨自航行，朝向那神祕的彼岸。

第 3 篇

倫理學：為什麼我們要有道德？

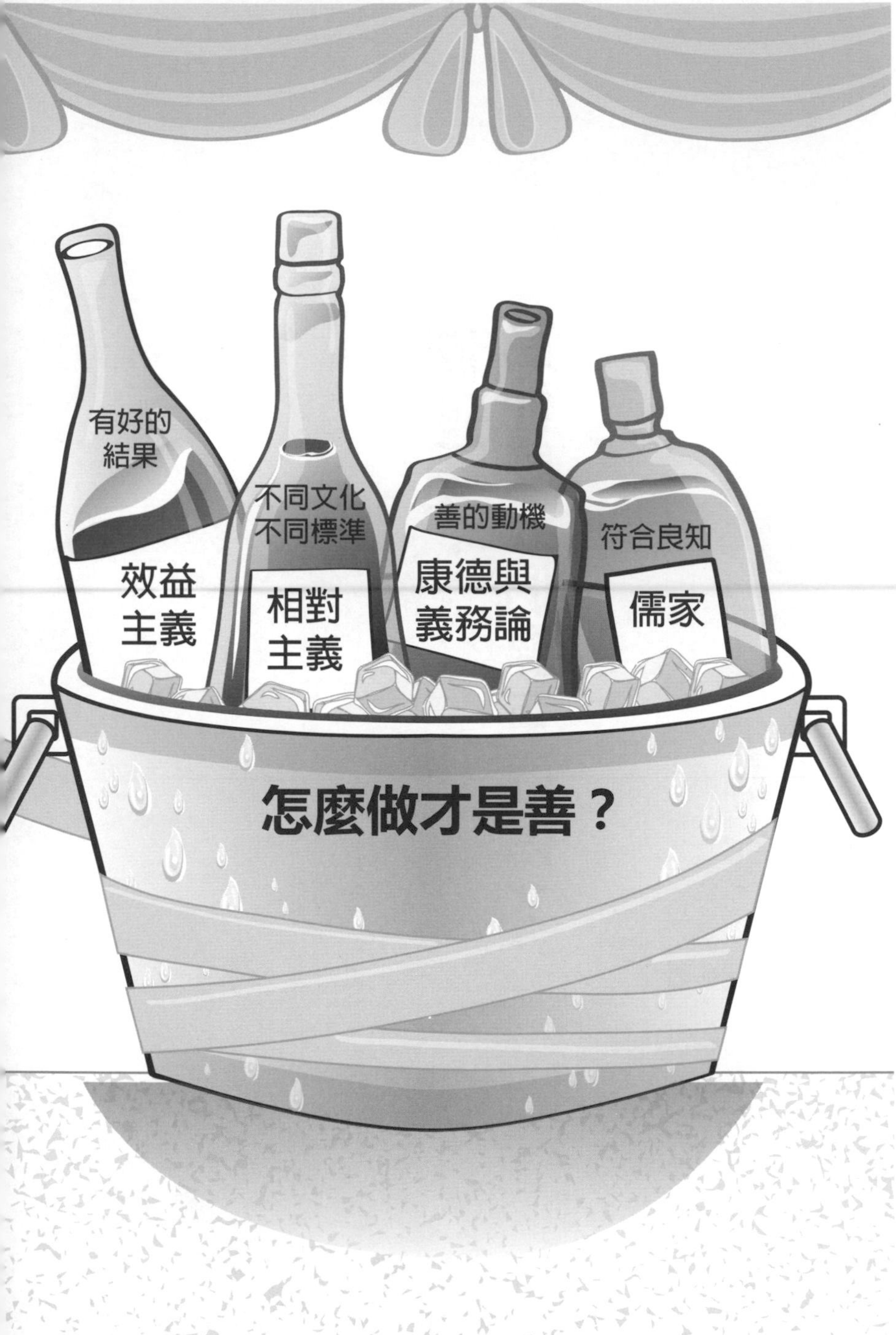
有好的結果
效益主義
不同文化不同標準
相對主義
善的動機
康德與義務論
符合良知
儒家
怎麼做才是善？

為何
要行善？
要
利己
主義
德性
倫理學
儒家
行善對自己
最有利
為了培養德性
以獲得幸福
人生
這是天命

23 你喜歡道德嗎？

在人生路上，我們經常會面臨許多抉擇，而且並不是所有依據自己喜好而做出的選擇都是好的。有些抉擇會帶來幸福；有些卻帶來災難；有些帶來短期的快樂，卻遺留長期的痛苦；有些在過程中雖然不太甘願，但後果是甜美的。愈多生命的歷練，眼光就看的愈遠，也就愈清楚自己該怎麼做。

當別人都遵守道德規範

如果依據天性做選擇，而且每個抉擇都帶來好的結果，我們顯然就不需要道德了。因為，凡是道德規範，大都是要我們去做一些原本不想做的事情，在這種情況下，有誰天生會喜歡道德呢？

補充說明 道德、禮節、法律的區別

在討論道德相關問題時，會有幾個容易搞混的東西，分別是法律和禮節。首先，我們來看看道德和法律的不同。道德針對的是善與惡（或是對與錯），而法律針對的是合法與非法。雖然，違法的事情通常是不道德的，但其中有許多例外。例如，闖紅燈去救一個困在路中間的小孩，這是違法的，違反交通法規，但我們會認為這是善良的舉動。而許多合法的行為卻是不道德的，就像那些鑽法律漏洞的行為；或是有些警察為了個人利益拖吊不影響交通的違規停車，雖然合法，但不道德。然而，也有些法律跟道德沒有關聯，例如，流動攤販是違法的，但只要不要影響交通，也無所謂善惡。

道德和禮節則更為接近，通常我們會認為合乎禮節的東西也合乎道德，反之亦然。但禮節通常沒有這麼嚴重，「沒禮貌」比較無所謂，「沒道德」比較嚴重。例如，朋友見面忘了打招呼，這是沒禮貌的，但要說「沒道德」就太嚴重了。禮節有時是跟著習俗走，而有些習俗或許是不太道德的。例如，過去西方女性被要求要穿束腹、東方女性則被要求要裹小腳，這些禮節就不太符合道德了。

如果遵行道德規範的不是自己，而是別人。那大家會很歡迎道德，覺得它真是棒透了。想想看，如果這個世界所有人都是很有道德的人，只有我一個人隨心所欲。這個世界將有多美好啊！

做個思想實驗看看，如果大家撿到我的錢都會還我，但我撿到錢都放進自己口袋，而且沒人會來譴責我；當我做錯事時都會被原諒，但別人做錯事則會被我罵；我走路、開車，別人都會讓路，但我自己高興怎麼開就怎麼開；當我需要幫助的時候，別人都會來幫我，但別人需要幫助的時候，我先看自己心情好壞再說。

在這樣的生活中，自己的私心得到充分的發揮，而別人由於是完全無私而不會妨礙到我。這難道不是大家一直在潛意識裡期待的美好世界嗎？因為這個潛意識的發揮，我們很自然把道德拿來約束別人，而自己呢？則視情況而定。

倫理學的第一個問題：社會是否需要道德？

由於願意一直被別人占便宜的道德笨蛋並不多，所以真實社會就變成人人鼓吹（別人遵守）道德，而自己卻視情況而定，造就了人人譴責他人的社會景象。這樣的社會，當然不會是一個有道德的美好社會。

如果道德應用的方向正確，一個人人有道德的社會是可以互利的。理由很簡單，某些人的一點點舉手之勞，或是一點點不方便，常常會帶給別人很大的幫助。例如，棉被晾在戶外，人正好外出卻下起雨來，遇到這種情況，鄰居如果可以不嫌麻煩的幫忙一下，就沒問題，否則，無論是要趕回來，或是要重洗重曬，都是件大麻煩。其他像是親切的回答問路者，讓人借用一下廁所，或是幫忙打個電話。都是如此。

如果大家常常伸出互助的手，社會當然會好很多。每一個人的舉手之勞，帶給每一個人莫大的好處，從這個角度來說，道德的確是很有價值的。但前提是，必須大家一起遵守才有用。如果只有少數人遵守，說不定不僅沒有好處，反而造成更多壞處。所以，從不同的角度思考，會有不同的結果。那麼，倫理學遇到的第一個問題是，這個社會究竟是否需要道德？亦即，提倡道德是好是壞？

24 提倡道德是好是壞？

我們可以想像在很原始的時代，人們是不講道德的。這並不是說，每個人都一定會去害人，而是大家依據自己的自然狀態去處事。在這種情況下，雖然也會有互助的情況發生，但一定會發生很多讓人難以忍受的事情。像是喜歡別人的老婆就去勾引她、垃圾亂丟，或是言而無信。然而，有些事情雖然不當，但也還沒有壞到必須訴諸法律的地步，因此，古代聖人便發明了「道德」，希望藉由價值觀的建立，讓大家有個可以自律的規範。

到了孔子所處的春秋時代，社會大亂。孔子認為，這是因道德敗壞所造成的。因此，他開始鼓吹重新建立道德體系。這個體系就是「禮」，也就是制定各種社會與道德規範，以及在什麼情況下，什麼樣的人該做些什麼事的一套規則。只要大家都遵循，社會就安定了，一切會回歸正軌。因此，孔子周遊列國，希望把這個理念貫徹實施，可惜沒被採納。然而想像一下，如果被採納會如何呢？真能使社會安定且國力強大嗎？這仍是個疑問，值得我們去思考。

「應該要排隊」的優缺點

從當今台灣社會的角度來看，我們可以想像，如果社會上大多數人願意遵守道德規範，這個社會一定會更美好，就像孔子期待的那樣（但國力是否因此強大則是另一個問題了）。這應該是沒有什麼疑問的。如果我們可以把道德規範制定的更好，更多人願意遵守，當然效果也會更好。但是，我們同時也可以想像，如果社會上根本沒有所謂的道德（注意：並不是大家不遵守道德，而是沒有道德法則來提醒眾人），這個社會是否會比現在更糟呢？

這個問題的要點在於，「制定道德規範」並非全然是件好事，它也可能會對整體社會帶來壞處。尤其當愈多人（無論自己是否遵守）要求別人遵守道德規範時，壞處就會愈大，甚至製造衝突。

舉例來說，當我們在購買電影票時，如果我們制定了「應該要排隊」這樣的道德規範，而且大多數人都遵守，這對大家都是件好事。但是，如果至少有三分之一或甚至一半以上的人不願意遵守，原本的好處就沒有了。而且，由於有道德規範存在，這會讓排隊的人心裡很不舒服，內心怒罵別人沒有道德，脾氣壞一點的還會去指責別人，萬一遇到不高興被指責的人，就會爆發衝突。這樣的道德規範反而帶來更糟的結果。

假設我們的文化裡面根本沒有所謂「應該要排隊」這種觀念，有些人會自動禮讓別人，也有些人會爭先恐後，有些人不想跟人搶也不想讓人就乾脆放棄了。或許這些爭先恐後的人會發生衝突，但是至少不會有那種由於覺得別人「沒道德」而導致的衝突。也就是說，比起有道德規範但很多人不遵守的情況，衝突反而會比較少。

從這角度來看，道德並不是非要不可的東西。如果把道德規範定得好，以及推行得好，讓大多數人願意遵守，這會對社會帶來較多的好處。但是，如果定得不好，或是推行得不好，多數人不願意遵守，這樣的道德規範還不如不要。

不同角度思考，產生不同的答案

以台灣社會來說，「應該要排隊」是好的道德規範，雖然不見得所有人都遵守，但在大多數人已經習慣遵守的情況下，一定比完全沒有這種道德規範的社會來的好。不僅大家不用爭先恐後，不用擔心別人插隊，較容易評估時間決定自己是不是要等，還可以減少因為爭先恐後帶來的衝突。由於遵守這個道德規範並不是件很困難的事情，因此制定且推動這樣的道德規範就有價值，可以使我們的社會有更好的生活環境。但一樣有缺點，因為隊伍裡面無法區分趕時間的和不趕時間的人，對於趕時間的人來說就很困擾。如果保留排隊的規範，但同時容許有人因特殊狀況而暫時不遵守，或許會更完美。

然而，並不是所有道德規範都有這樣的好效果。舉例來說，「婚前性行為」被認為是件不道德的事情，但是在現代，認同這個道德規範的人愈來愈少，有愈來愈多的青、少年不會去遵守。這樣的道德規範反而讓人忽略青少年性教育的重要性。「墮胎」也被認為是不道德的，甚至是違法的，但是台灣每年不知有多少墮胎人口。這個道德規範無法減少墮胎人數，只會讓墮胎的人徒增罪惡感。年輕男女不敢跟家長說，只能偷偷進行，甚至四處向人籌錢，說不定還會落入錢莊陷阱。

另外，有些道德規範的制定會很有爭議。例如，我們認為「棄養寵物是不道德的」，雖然這個道德規範符合我們的慈悲心，但是並不會減少人們去棄養寵物，相反的，會棄養寵物的人為了避免別人譴責的眼光，往往會把寵物帶往偏遠的山區棄養，結果讓這些寵物難以生存下去。在這種情況下，這就不見得是個好的道德規範。如果我們在道德觀上接受棄養行為，但另有其他關於棄養的道德規範，例如必須考慮寵物的生存能力，以及如何避免造成社會問題等等，這樣的社會價值觀或許會更適當。

從不同的角度思考，我們會看到不同的答案。中國古代哲學家老子反對道德。他說：「絕聖棄智，民利百倍；絕仁棄義，民復孝慈；絕巧棄利，盜賊無有。」意思是說，如果不標榜聖人與智者，對人民的好處將有百倍之多；如果不立下仁義的標準，那人民自然而然會父慈子孝；如果不區別事物的好壞，那就不會有盜賊了。

老子的智慧在於，當大家都在歌頌道德的價值時，他沒有迷惑在這個思潮裡，而點出了道德可能導致的壞處。因為，當我們標榜聖人與智者的同時，無形中就貶低了非聖人與非智者的多數人；當我們要求每個人都要有仁有義時，仁義變成了一種束縛，一種讓人感到厭惡的約束力，這反而可能使人不想去做道德之事。

而且，在老子的觀念中，道德只不過是人們定下來的觀念而已，就像我們立下的生活公約一樣，並不是什麼了不起的東西。這是一種偏向道德相對主義的想法，認為價值觀都只是相對的，不同的文化與人群有可能有不同的設定，而設定之後才有所謂的善惡。就像老子所說的，「天下皆知美之為美，斯惡已；皆知善之為善，斯不善已。故有無相生，難易相成，長短相較，高下相傾，音聲相和，前後相隨。」

尼采與老子反對道德的意見

十九世紀哲學家尼采（Friedrich Nietzsche, 1844-1900）也和老子一樣反對道德。他認為，宗教與道德是弱者的依賴。例如，失戀的時候，我們祈求上帝或是神明來安慰我們，甚至幫我們找到更好的對象。我們也希望前女（男）友有道德觀，不要遺棄自己而能回心轉意，有時還藉由道德價值觀的批判來否定對方的人格，獲取安慰。這兩樣東西讓人的生命力量變弱了，忘了自己還能發揮更大的影響力來改變一切，因此尼采認為這些都是不好的東西。他主張面對困難時，如果沒有宗教與道德觀作為避風港，我們就只好盡自己最大的力量去克服它，那麼我們的生命力就會提升。

尼采認為（由於虛無主義人生觀的時代來臨），每個人都將面對人生難題的重大挑戰，若不提升自己、超越自己，達到能夠克服各種障礙的強大生命型態，將無法面對虛無思潮的襲擊。所以，尼采反對道德。

老子和尼采，一個在中國、一個在西方，一個在古代、一個在現代，依據不同的理由，提出了對一般道德規範的否定意見，也都很合理。雖然我們可以同意他們對這種道德的批評，也可以藉由他們的批評發現道德的各種壞處，但他們的理論無法讓我們完全忽視道德的優點，無法得出，「沒有道德的社會是更好的社會」。因為，我們的確也從歷史上看到了沒有道德的社會所產生的弱肉強食，看到了缺乏道德與宗教時人們的無助。或許，對於能夠成為尼采心目中具有超人意志的人來說，可以不要靠道德與宗教，獨自走向屬於個人的人生道路，但是，顯然並非每一個人都適合這條艱辛的人生道路。

因此，我們要思考的，可能不是「這個社會是否需要道德」這麼簡單的問題。而是，我們需要什麼樣的道德觀，以及道德觀應該如何落實在社會上才能達成最好的效果。也就是說，從整體社會的角度來看，道德規範仍有其價值，但必須妥善實施，而且至少能讓大多數人遵守，否則說不定會帶來壞處。

針對「為什麼我們應該要有道德」的問題，簡單的解答就是：「因為道德可以讓社會更美好。」這至少是對大家都有利的。依據這些理由，我們可以進一步思考，怎樣的道德規範比較好，比較合理，可以有效實施，而且比較符合人性。

25 孔子的道德觀：以仁為本，以禮為遵行法則

針對一些比較有爭議的道德規範進行思考的學問，稱為倫理學。在倫理學中，有時不同理論會有相當不同的觀點。從東、西方社會文化在道德相關的價值觀來看，針對「自私」的態度就有很大的不同。東方社會比較傾向於「犧牲小我，完成大我」的道德規範，對他人自私的容忍度較低。西方社會基本上比較包容自己與他人的自私行為，認為這些是人之常情。而針對不同的議題，不同的人與文化更有著不同的價值判斷，有些地方贊成死刑、墮胎，但有些地方反對；有些人贊成善意的謊言，有些人則不同意。在這些差異中，我們可以思考一個問題，這些觀點是否有對錯之別呢？如果有，判斷的標準是什麼？如果沒有，這些道德規範的約束力何在？

道德的判斷標準是什麼？

當社會文化定下了道德規範之後，我們期待每一個人都遵守，因為這就像是一個共同的約

定。但是，或許有人不同意某個道德規範，因此不願意遵守。例如，假使制定了一個道德規範，「在公共場所吸菸是不道德的行為」（這裡也牽涉到法律問題，在此我們先忽略法律層面），而某個老菸槍認為這個道德規範不合理，因為他認為只要走到比較空曠的地方就不會影響別人，為什麼連這樣也不行？於是，他不願意遵守，也不認為這是一個共同約定。在這種情況下，我們有什麼理由要求他一定要遵守呢？這樣的問題牽連到另一個倫理學的核心問題：「道德的判斷標準是什麼？」有什麼標準可以超越共同約定，讓每一個人都必須遵守？這也同時在問：「當我們說某個事情是善時，我們的依據是什麼？」

孔子所提出的各種道德規範可以稱之為「禮」，而他強調這一切的道德規範都必須訴諸一個仁心。當我們遵循一個幫助別人的道德規範時，必須依據愛人之心，否則單純只有禮的行為，而沒有發自內心的動機，那是不夠的。也就是說，仁心是這些道德規範之所以成為道德規範的依據。

類似的觀點普遍存在許多現代人心中，仁心就是一般說的良心。「摸摸你的良心吧！」意思是反觀自己內在的仁心，一個行為如果符合良心，那就可以去做，否則就不要做。

但是，「仁心」的標準何在呢？在記錄孔子與其弟子言行的《論語》中，我們能發現的最實用準則是，「克己復禮為仁」以及「己所不欲，勿施於人」。克己復禮是指克制自己的各種私人慾望，並遵循道德規範。這樣的心屬於仁心的一個部分。另外，我們處事的原則可以以自己為標準，自己不希望別人對我們做的事情，就不要對別人做。如果大家都能依據這樣的方式做事情，雖然有時還是會因喜好不同而造成誤解，但問題不會太大。

然而，孔子的仁心主張最大的問題在於，實施起來不容易。因為大家都有難以克服的私心，所以做事情常常不是發自仁心，而是私心。不過這個問題倒不是孔子獨有的，所有要求自律的道德觀都會遇到這個問題。

聖人的仁心vs普通人的仁心

除了不夠實用之外，對於仁心這種必須依賴個人感受的標準也會產生問題。例如，《論語》記載的一個故事：子貢覺得用活羊祭祀不好，依據其仁心，他覺得羊很可憐，希望能廢除活羊祭祀。但是孔子反對，因為他認為祭祀比羊更重要。如果他們生活在現代，子貢大概會是動物保護協會的會員，而且反對近來備受爭議的神豬祭典。然而，孔子或許會站在另一邊來捍衛傳統禮俗。

補充說明 義民祭的神豬祭典

義民祭的神豬祭典屬於台灣的客家習俗，已經有百餘年歷史，到了祭祀義民爺時，大家比賽誰的豬最重，這就是所謂的神豬競賽。這個競賽在最初的時候可能沒有什麼大問題，反正就盡量餵食，看誰能把豬養的最大最肥，誰就贏得勝利。然而，為了要贏得比賽，人們開始強迫豬隻大量進食，甚至豬隻已經無法站立倒在一旁時，仍然用工具打開豬的嘴巴，硬把食物塞進去。這樣的作法由於已經有虐待動物的問題，因而成為一個備受爭議的傳統禮俗。當然，孔子雖然不會主張廢除神豬祭典，但也未必會同意這樣的飼養方法。

從這個差異點來看，孔子顯然不認為仁心需要套用在動物身上，否則就不可能會有「愛禮勝於愛羊」的想法了。因為，在孔子的思想中，仁的優先性高於禮，當仁與禮產生衝突時，我們應該捨禮從仁，也就是依據對動物的仁心把羊放了。既然孔子不認同這樣的作法，這表示在孔子的心中，他認為仁心是不須套用在動物身上的。

然而，己所不欲（不希望發生在自己身上的事情）究竟能否施於動物身上呢？子貢很可能和現代許多動保人士一樣，認為要把動物也當作像是人一般來對待。所以，「己所不欲，勿施於羊」。那麼，究竟誰對？

遇到這種爭議的時候，我們會感到很棘手。因為「仁心」缺乏一個客觀標準，假設某人說虐待動物不會良心不安時，我們是否就應該接受其虐待動物的行為呢？從《論語》的另一則故事來看似乎是如此。有一天弟子宰予跟孔子反應，他提出一些理由主張守喪三年的道德規範太久，應該改成一年。然而，孔子不跟他討論那些理由，只問他：「只守喪一年，這樣可以心安嗎？」宰予回答：「可以啊！」孔子則說：「既然可以，就去做吧！」

從這則對話裡，我們可以看出，導致是否心安的仁心才是整個道德規範的核心點，一旦不違背仁心時，道德規範也是可以改變的。不過，這則故事並未結束，還有下文。下文牽涉到另一個問題，當我們自己覺得虐待動物很違背良心的時候，我們是否就可以去譴責別人虐待動物呢？

標準客觀化的難題

從孔子的觀點來看，這個問題的答案也是對的。因為，當宰予終於說服孔子，高高興興離去後，孔子卻對其他人說：「宰予不仁。」孔子認為，宰予其實並沒有依據其仁心去思考（或去體驗）守喪一年是否安心的問題，因為孔子認為只有守喪一年根本不可能會安心。也就是說，孔子依據自己的仁心經驗，認為每一個人都應該和他一樣，只要是不同的，就是不仁。

這個觀點預設了人們都有相同或至少類似的仁心，聖人（或已經明白自己仁心的人）可以依據個人體驗來評量別人的仁心是否正確發揮。當聖人（像是孔子）感到不安而別人（像是宰予）不會時，這人便是不仁。反過來說，當別人（像是子貢）感到不安而聖人（像是孔子）不會時，這樣的不安便是錯誤的仁心作用。

這樣的情況對於哲學理論的建構是一個很大的困擾。雖然其觀點仍有合理性，但是我們要如何自我評估，以及評估誰是聖人呢？這個問題很可能會變成一個無解的問題，因為很難有一個客觀化的標準。

從神豬的例子來看，究竟動保人士的仁心是正確的發揮，還是錯誤的使用呢？有任何更好的標準嗎？另外，這也會牽連到其他問題，如果把動物的內心世界當作和人類類似，我們自然會覺得虐待動物是不對的，但是，動物的內心世界又是如何呢？如果如同笛卡兒（René Descartes, 1596-1650）認為的，「動物就像是沒有心靈的機器一般。」那麼，把動物當人一般對待就有點可笑了。這個爭議牽涉到動物心靈的問題，在此就不多談了。

26 康德倫理學：無論如何都不可說謊

在回答「如何判斷一個行為是否合乎道德」的問題上，十八世紀西方哲學家康德認為，要評估一個行為是否符合道德，就要看導致這個行為的動機。只要動機是好的、善的，就是符合道德的行為，反之則是不道德的行為。

善意像寶石般閃閃發亮

康德的觀點和孔子類似，都是依據發自內心的狀態來決定行為的善惡，而且兩者都強調要「克己復禮」。不過，孔子談的仁心與康德談的動機還是有些不同，最大的不同點在於，康德不認為我們一定要有想幫助別人的德性（或仁心），並以此為依據來完成道德行為，但這是孔子以來的儒學最為強調的。

康德認為，道德規範就像必須遵守的法規一樣，即使內心一點都不想去做，但由於我們的理性（而非仁心）知道這是應該要去做的，所以很自律的強迫自己去做。這種「在理性層面，強迫自己遵守道德規範的行善動機」，才是康德最重視的。而且他認為，只要有了這種行善的動機，不管所做的事情導致什麼結果，都不會影響這個行為屬於善的領域。就像他的名言所陳述的：「善意即使沒有導致善行，它本身仍像寶石一樣閃閃發亮，具有完全的價值。」

康德很重視在評價一個行為是否屬於道德時的必要屬性：「自律」。康德心目中的「自律」跟我們一般日常生活所說的自律，意思有些不同。在日常生活中，冬天寒冷的早上醒來時，多數人都不願意起床，但想一下翹課的後果，或是上班遲到的後果，衡量過利弊得失，我們還是很「自律」的把自己從床上硬拉起來，開始一天的生活。我們的自律，通常是衡量利弊得失之後的產物。在康德的心目中，這並不符合道德行為所要求的自律。康德所謂的自律，不是依據對行為發生後的各種利弊得失的衡量，而是針對行為本身。

在道德行為中，當我們想要隨手丟一個垃圾時，會注意是否會被人看到，如果在確定不會有人看見的荒郊野外，許多人就很大膽的亂丟垃圾。或者，我們會看看地面髒不髒，如果像某些地面滿是垃圾的夜市，反正多丟一個垃圾也不會有什麼壞處，這時就可能放心的亂丟垃圾。在康德心目中，遵守不亂丟垃圾道德規範的人，是不會在這些考慮之下亂丟垃圾的，因為亂丟垃圾本身是不好的行為。而依據理性勉強自己不去做不好的行為，才是真正遵守道德規範；依據這樣的動機所做出來的行為，也才是真正的道德行為。

道德行為不是手段，而是目的

有人認為，做善事會有福報，鼓勵大家多做善事。或者，就算沒有宗教信仰，做好事至少會讓自己感到快樂，在追求幸福人生的情況下，還是應該多做好事。然而，在這些情況下所做的道德行為，在康德心目中，全都不是真的自律，因為這些行為背後都有一些行為之外的「目的」想達成，道德行為被當作達到某個目的的「手段」。在這樣的條件下所產生的自律都不是真的自律，既然不是自律，當然也就不能算是道德行為，也就是說，這些行為缺乏真正的道德價值。

康德主張，道德行為本身就是目的。我們有義務去做這些事情，遵守道德規範並非手段，不是為了達成某個目的，不是為了躲避處罰，不是為了要贏得好的名聲，不是為了自己的前途，也不是為了獲得快樂，而是在沒有任何（為了完成道德行為本身之外）其他企圖的心態下去實踐它。凡是把道德行為當作手段的，都不是真正的道德。為了實踐道德行為而去做，這樣的動機才是真正的道德動機，這樣的自律才是真正的自律。

對康德來說，一個有慈悲心的人去幫助別人，這個行為雖然是好的，但也一樣缺乏道德價值，因為這樣的行善並不是以行善本身為目的，而是為了滿足個人的慈悲心。當然，康德不會反對以慈悲心去行善，只不過他認為這缺乏道德價值，不算是真正的道德行為。

既然去做一件道德之事的動機就是去做這件事情本身，而不談任何理由，我們會想問的問題是，這些道德規範是怎麼來的？當沒有以達成其他目的的理由作為依據時，我們如何判斷一件事情是符合道德的？我們又為什麼要遵守這些道德規範？當我們有不同的道德觀時，是否有什麼好方法可以用來判定對錯呢？

人的理性與兩個基本原則

康德認為，由於人是理性的動物，我們具有能力思考哪些行為屬於道德。雖然人都有私心，但在大多數時候，我們知道哪些行為是應該要做的。然而，還是有些問題讓人感到迷惑，例如，是否可以說善意的謊言？雙方各取所需的賣淫行為，或是販賣（不會因此而喪命的）器官，是否符合道德？針對這些模糊不清的地帶，康德提出了兩個基本原則：第一，普遍化原則，當我們想像多數人都這麼做的時候，不會導致矛盾或是不合理的情況發生；第二，必須把人當作目的而非手段。

關於善意的謊言，依據康德的觀點，它違背了第一個原則，因此它是不道德的行為。理由是，如果大家都認為善意的謊言沒關係（普遍化），那麼人們所說的話將不再被信賴，因為我們永遠不知道別人是不是在說善意的謊言。原本善意的謊言是為了讓事情更好，但反而導致更糟的情況（形成矛盾），這樣的矛盾顯示這個行為無法被適當的普遍化，所以它是個不道德的行為。

賣淫和販賣器官都違背了第二個原則，因為兩者把人體當作達成娛樂與獲取健康的手段，所以它們也在康德的倫理學中容易被歸類為不道德之事。

如果我們再追問，為什麼一定要符合這兩個原則才是道德呢？在倫理學中，類似問題追問下去就會碰見另一個倫理學的難題，這個問題稱為道德基礎的問題，倫理學究竟可以建立在什麼樣的基礎之上呢？如果不滿意康德將人的理性以及兩個基本原則作為道德基礎，還有什麼基礎可以作為所有道德規範的基石呢？這個問題將會在後面的篇章中繼續討論。

當道德的行為有不良後果時……

在康德倫理學中，還藏有另一個可能會發生的問題，假設我們要去做一個符合康德倫理學的道德行為時，突然想到這個行為有可能產生很大的不良後果，我們是否還要去做？例如，一個富商請殺手去殺移情別戀的情婦，殺手看見情婦後愛上了她，兩人談起戀愛，然後殺手為了保護情婦不受傷害，便把她藏起來，並且向富商謊報已經將她殺了。如果你碰巧發現殺手的祕密，也見到他們出入某個祕密地點，當富商有一天不經意的詢問你，最近有沒有見到那位情婦時，你是否要說謊呢？

從康德的倫理學角度來看，說實話是道德規範，說實話的行為本身就具有完全的道德價值，根本不用也不應該考慮這個行為會產生什麼後果。在這樣的解讀下，從康德的倫理學會導出，「你應該說實話才是有道德的行為。」然而這樣的道德行為很可能導致情婦再次面臨生命危險。這符合我們對道德的期許嗎？這樣的理論是否真的適當，值得我們好好思考。

27 效益主義：帶來幸福的謊言是可以說的

如果主張要用行為導致的後果來評價一個道德行為。這個思路就走向重視後果的效益主義。

善惡的加減總和

針對「如何判斷一個行為是否合乎道德」的問題上，效益主義（utilitarianism）認為，要評量一個行為的好壞與善惡，應該完全從「行為所造成的後果」來評斷，而不是（像康德倫理學那樣）依據其動機的好壞，也不是（像孔子道德觀那樣）依據是否符合仁心來評價。

舉例來說，某個人殺了人。他之所以做了惡事，是因為這個行為造成一個人死亡的不良後果，而這樣的後果決定了這個行為是不道德的。然而，如果他所殺的人正準備用機槍掃射人群，那麼，雖然殺了一個人的後果並不好，可是救了更多人，善惡加減總和之下，就變成做了一件善事。所以，效益主義不僅主張用後果來決定一個行為的善惡，還主張，這些後果可以總和來計算，如果優多於弊則為善，反之則為惡。

由於這些後果可以稱為一個行為所造成的「效益」，而以最高效益者為最大的善事，所以這樣的主張就被稱為效益主義。效益主義過去曾被翻譯成「功利主義」，但因為這個翻譯名稱在中文有負面意義，而提出這個主張的人並沒有負面的觀點，所以這樣的翻譯是不恰當的。（目前台灣學界已經統一 utilitarianism 的譯名為效益主義。早期出版的書籍仍有功利主義的翻譯，其實談的是相同的東西。）

結果論能靠程式計算嗎？

凡是用後果來衡量一個行為的善惡者，都可以稱為結果論（consequentialism）。所以，效益主義也屬於一種結果論。針對結果論，我們會提出的疑問是，如果一個心存惡念想做壞事的人，做了某個行為之後，反而導致好的結果，那他算是做了一件好事嗎？

舉例來說，某個人心情很壞，想隨便殺個人出氣，於是他走到街上，迎面來了一個讓他看不順眼的人，於是一槍把他斃了。從一般價值觀來看，我們認為這個人心存惡念，而且也依據這個惡念做了壞事。但是，原來被他殺的這個人碰巧是個恐怖分子，手上提了一個裝滿炸彈的箱子，正準備到鬧區進行恐怖行動。也就是說，這個隨意槍殺別人的行為所導致的後果，救了很多人，得到一個很好的結果。以結果論來談是非，這不就是做了一件好事嗎？

這裡牽涉到的問題在於，究竟哪些結果可以被計算呢？這種碰巧的好結果是否可以算進一個行為去衡量其善惡？一般來說，結果論者反對這種算法，認為類似這種在事前完全無法預料，而且與其行為動機明顯無關的結果，不能列入考慮。這樣的限制，可能會比較符合一般日常生活中對善惡的觀點。因為我們不會說，這個殺手救了很多人，也不會將這樣的好結果歸功於他。

所以，結果論者傾向於主張，一個行為所產生的（用以衡量其善惡的）結果，必須跟這個行為本身可預期的後果相關。然而，相關的程度該如何拿捏會是個問題，時間上是否也要有個限度？如果不限制時間，未來的作用又有誰知道呢？說不定被救的人中，有一個人未來成為殺人魔王，或是六十年後他未曾謀面的子孫中，其中一個變成了殺人魔，於是這個六十年前的救人行為就又變成惡了。或者這個殺人魔在一百年後放下屠刀成了佛，協助更多人悟道而淨化人間，這是不是又變成善了？這些問題是結果論要面對的困擾。

最大效益等於最大幸福？

針對效益主義主張所導致的後果還可以加加減減計算總和，我們感到疑惑的是：行為所產生的後果真的可以用來計算、抵銷，並做出總和嗎？標準又是什麼呢？首先，十九世紀哲學家邊沁（Jeremy Bentham, 1748-1832）提出一個衡量標準：「最大的效益就是給最多數人，最大的幸福。」所以，我們可以依據一個行為所產生的幸福總量，來衡量這個行為的善程度。反之，一個行為如果導致最多數人，最大的不幸，則為最不道德的行為。我們也可以依據不幸的總量來衡量其惡的程度。

以前面富商殺情婦的例子來說，如果我為了要救那位無辜的情婦和成全改過自新的殺手，我就簡單的跟富商說我沒看見他們。在這樣的行為中，雖然說謊不好，讓富商沒有獲得正確的消息（假設這個惡的等級是5），但就這個行為導致的救人後果來說（假設這個善的等級為1000），由於惡的部分非常的小，從善惡抵銷的整體來說（1000-5=995），這是一個善的行為。依據效益主義，我們便可以輕易解決康德倫理學所遇到的困難。

然而，這種計算方法會導致一些違反日常生活習慣的情況。例如，既然善惡都可以被量化，那麼，殺一個人相當於撿多少垃圾呢？假設撿一個垃圾所導致的善等級是1，而殺一個人導致的惡等級是2000，如果某個行為讓我同時撿兩千個垃圾並且殺一個人，這個行為是否就是不善不惡了呢？效益主義有可能會導致這種看起來有點荒謬的局面。

另外，有些事情在我們習慣的觀念中明顯為惡，可能會在效益主義的標準中變成善事。例如，有一天某位醫生發現，只要把一位來醫院探望病人的訪客殺了，取下他身上的器官，就可以解救五位立即需要器官移植的病人。依據效益主義，由於殺一救五符合效益原則，所以是件善事。但基本上，我們很難認同這個觀點。

效益主義者或許會反駁說，這種行為所導致的惡不僅僅是殺一個人而已，萬一被人知道，以後都沒有人敢到醫院探望病人了。所以，這個行為所導致的惡其實大過其善。然而，這樣的反駁事實上不是很有用，因為，如果我們更進一步假設，只要能想像在一種絕對不會被人知道的情況下殺人，是否就是善的行為了呢？相信即使如此，人們還是難以認同。這些都是效益主義會遇見的困難。

實用的效益主義與結果論

效益主義與各種結果論雖然在某些道德案例中獲得較好的解釋，但也會衍生出一些與我們習慣的道德觀很不一樣的觀點。它自然還不能算是一個很適當的善惡標準，不過它形成很實用的價值觀，也應用在許多領域。舉例來說，能打贏官司的律師就是好律師，無論他使用的方法是什麼；不能把事情做好的員工就不是好員工，無論他多麼努力，以及遇到多大的困難；一個能賣最多商品的業務員就是最佳業務員，不管他到底如何賣掉那些商品；能打勝戰的將軍就是好將軍，不管他使用什麼手段。

在工商界與軍中，尤其有著這樣的價值觀，從一個人工作所產生的結果，來衡量他的能力與優劣，不管其內心奮鬥過程、環境條件以及所遇到的困難。這樣的觀點的確有其好處，讓人沒有藉口可以找，只能全力以赴，追求最大的成果，壞處則是太不人性化，容易錯誤評估新手的內在潛力。

既然光看動機與結果，都有部分適當、部分不適當的情況發生，這是不是說，只要把兩者加起來就好了呢？

28 道德有客觀依據嗎？

經過前面的討論，許多人可能會認為動機和結果兩者都很重要，都是判斷善惡的標準，只要把孔子和康德強調動機的倫理學，加上強調結果的效益主義，這不就是一個完整的倫理學了嗎？乍看之下，似乎很完美，但是細細思考，裡面可能會有更多問題。

可以同時評估動機與結果嗎？

當某人做一件事時，有好的動機（或發自仁心），又產生了好的結果，這是善的行為；如果有壞的動機加上不好的後果，這是惡的行為。這比較沒什麼爭議。但是，如果好的動機導致不好的結果，怎麼辦？例如，某人想幫助老太太過馬路，結果方法不當害老太太被車撞，這是善還是惡？另外，不好的動機加上好的結果又如何？例如，有個人很生氣在朋友家故意摔破一個精緻的花瓶，卻幫助朋友找到遺失已久且快過期的樂透中獎彩券，這又是善或是惡呢？其他情況，像是沒有好壞的動機，但導致好事或是壞事，以及有好的或壞的動機，但沒有造成任何好的或壞的後果，這些究竟是善是惡？

無論是康德倫理學還是效益主義，都可以回答上述問題，一旦要把它們統合起來，我們便不知所措了。或者，我們可以學習效益主義的方法，尋找一個動機與結果的互換公式：一個想幫助別人的善意可以等於多少好的結果呢？當我們被迫這樣做時，就會發現要面對的難題比效益主義大的多。

究竟該如何發展出一個更恰當的倫理學理論呢？如何找出一個更適用於決定行為善惡的判斷標準？當我們找不到時，自然會思考一個問題，是否根本就沒有這種東西呢？我們的善惡觀在文化傳統中逐漸自然形成，它本來就沒有公式，只是眾多不一致的價值觀混雜而成而已。我們根本不可能找到一個客觀的評價標準，以符合所有我們習慣的道德觀。如果真是這樣的話，就表示道德只是約定俗成的東西，其本身沒有任何客觀依據，所以也不會有任何絕對性。不同的文化、傳統、地區，甚至是不同人，都會有不同的道德標準，而且互相無法比較好壞，也沒有對錯之別。這樣的觀點稱為「道德相對主義」（moral relativism）。

道德規範共通性的神祕力量

常聽人說，多出國看看，可以開闊眼界。這種開闊眼界可不是看看不同的風景與建築物而已，而是在不同的國家與不同的文化中，可以觀察到許多奇風異俗、不同的價值觀與處事態度。這些特殊事物不僅提供有趣的思想娛樂，還能刺激我們習以為常的思維。原來，當我們強烈的如此主張、視為理所當然的觀點，在不同的文化中竟然有著完全不同的思維模式。

舉例來說，今天在台灣的我們，認為孝順年事已高的父母是理所當然的事情，但似乎沒必要每天早起跟父母請安，在中國古代卻認為這是必須的禮節。然而在世界上某些地區，為了節省糧食，曾經讓年長者進入山中自生自滅，就當地當時的文化背景來說，這也是理所當然的事情。我們習慣用自己的觀點看世界，認為跟我們不同的都是錯誤的。然而，別人也一樣用他們的觀點看我們，認為我們的作法是錯誤的。當我們想要找出一個孰是孰非的答案時，有什麼可以作為依據呢？如果沒有，當我們嘗試從別人的角度看事情，是否也可以看到其正確的一面？

觀察文化的差異會發現到，在不同的文化裡，的確需要不同的價值觀來維繫整個社會群體。也就是說，在那個文化裡，就該有那樣的價值觀；在不同的文化裡，就該有不同的價值觀。所以，道德規範的制定依據不同的文化與生活條件而形成。相對於不同的文化，就會產生不同的道德善惡，因此道德善惡是相對的，不具有客觀性與絕對性。

這樣的結論或許也下得太快了。反對者會說，很奇怪的是，我們的確看到在大多數的不同文化裡，道德規範的制定有許多差異，但基本上卻有更多的共通性。難道這些共通性都只是巧合嗎？還是說，有某種力量對道德規範的制定產生強大的影響，導致相當可觀的類似性。如果真的有，是否可以說，這股影響道德規範制定的共通力量就是一切道德規範的客觀基礎呢？如果這個基礎不是動機，也不是結果，那會是什麼？是否是人的天性呢？如果是的話，那是仁心、良知、理性，或只是企圖約束彼此的私心？要回答這些問題，就等於在尋找道德的基礎，是否真有個支撐整個道德價值觀的地基存在？

29 從實然與應然的問題看道德基礎

針對道德法則成立的基礎是什麼的問題，休莫（David Hume, 1711-1776）提出一個想法，他認為這樣的基礎其實並不存在，或更精確的說，「沒有任何事實根據，可以作為道德的基礎。」

「應該」與「是」

休莫認為，所有關於道德的陳述都可以用「××× 應該〇〇〇」的形式來表示，我們稱呼這種句子為「應然命題」，也就是包含有「應該」的道德陳述。例如，「人應該守信用」，或是「你應該捐錢」。而關於客觀事實的陳述都可以用「××× 是〇〇〇」的形式來表達，我們稱此為「實然命題」，也就是包含了「事實上是什麼」的陳述語句。例如，「地球是圓的」，或「熊是動物」。在這樣的定義下，休莫主張，我們永遠無法從事實推出道德，因為「是」永遠無法在有效的邏輯推理中變成「應該」。也就是說，以實然命題為前提，不可能得到應然命題的結論。意即，不可能有任何關於事實的陳述，可以在邏輯推理下，成為道德的基礎。這個質疑道德基礎的問題稱之為「實然與應然的問題」。

從這個論證來看，如果只有事實真相可以算是客觀的，而用以描述道德規範的應然命題，都無法從描述事實真相的實然命題推理出來，我們便可以說，道德並非客觀的。如果道德不是客觀的，那就沒有絕對性。因此，道德就像是每一群人各自定下的生活公約一般，只要大家覺得這樣好，就可以這樣定，並沒有一定的法則需要遵守。這樣的結論是支持道德相對主義的。如此一來，當我們譴責別人沒有道德時，只不過是說他沒有遵守這個社會的共同約定而已，不是什麼大不了的事情。

從目前的角度來看，道德相對主義似乎是比較好的選項，也是比較合理的主張。然而，如果我們支持道德相對主義，便不能去譴責不同文化的各種風俗。例如，某些文化主張應該用石頭打死通姦婦女，某些文化認為可以獵食人類，又有些地區認同販賣人口、虐待奴隸、吃狗肉等等。基本上我們認為這些都是錯的，不應該的。但是，如果我們成為道德相對主義者，便無法做出這樣的善惡評價。因為，既然道德沒有絕對性、沒有客觀性，我們就不能依據自己的道德觀去批評別的文化社群。

如果我們還是要反對其他文化中某些「不人道」的價值規範，並主張這些都應該要廢除，就必須嘗試幫這個主張找到一個道德的客觀基礎。由於應然與實然的問題存在，我們無法期待這個客觀基礎是一種事實，或者，如果一定要是事實的話，便不能期待這個道德基礎可以經由邏輯推理出來。那麼，有什麼可能的道德基礎呢？

仰賴理性、良心還是直覺？

在尋找道德的客觀性中，我們可以嘗試主張，由於人是理性的動物，而且人的理性是類似的，所以當我們依據理性思考時，可以獲得一致的道德觀。因此，理性思考能力便是道德規範的基礎。

但是，從歷史文化的各種研究來看，似乎不是如此。每個時代道德價值觀不同，而每個時代的人（甚至包含哲學家們）大多認同該時代的價值觀。不過，即使到了現代，仍然有許多道德問題無法取得共識。例如，安樂死是善是惡？墮胎是善是惡？死刑是否應該廢止？強行取締釘子戶是善是惡？這些問題的存在似乎顯示，即使運用理性思考，我們仍舊會有不同的觀點。因此，理性難以作為一個好的道德基礎。

如果理性不行，那作為孔子道德基礎的仁心可以嗎？由於人性本善，人們有類似的良心，當我們訴諸良心來做道德判斷時，就會有類似的道德標準。

這個想法看來不錯，卻是太一廂情願了。因為我們可以質疑，人們真的有類似的道德良心嗎？如果真的有，為什麼有許多人在做了多數人認為的大惡事之後，宣稱不會良心不安。這究竟是儒家學者所宣稱的，因為良心被蒙蔽了，還是真的沒有這種所謂客觀的「良心」存在呢？

也有哲學家認為，每個人心中都有一把相同的分辨道德善惡的尺，只要依賴我們的直覺，就能知道一件事是善是惡。這個想法可以稱為「道德的直覺主義」（moral intuitionism）。雖然以我們當下的生活直覺來看，似乎真是如此。善惡是很明顯的事情，只要把一個行為講出來，我們大多很容易區別善惡，或是與善惡無關。在前面幾個篇章裡，還藉由這種區別善惡的直覺，來批評康德的倫理學，以及效益主義的不足之處。

但是，這樣的主張仍有疑問，問題在於，這把用來分辨道德善惡的尺，是天生的還是後天培養出來的？如果真是天生的，為什麼不同文化會產生這麼大的差異？如果認為是後天培養出來的，那反而在支持道德相對主義了。因為不同的文化會培養出不同的道德直覺，這就可以說明，為什麼我們會覺得別人的不同文化是錯誤的。

道德有沒有客觀衡量的標準？有的話，究竟是什麼？如果沒有，應該如何看待各種違背道德的行為呢？

30 利己主義：我們為什麼要有道德？

既然我們尚未找到具有說服力的道德基礎，這表示道德規範可能只是約定成俗的，並不是什麼大不了的東西。假如真的是如此，在這種情況下，人們會想問另一個問題：「當遇到不同意或是不想遵守的道德規範時，我們有什麼理由強迫自己去遵守？」

遵守道德規範，個人與團體都獲益

即使道德規範沒有一個客觀基礎，我們還是有非常好的理由強迫自己遵守道德規範。理由可以從兩方面來看，第一，遵守道德規範，對自己有很大的利益；第二，所有人一同遵守道德規範，對所有人（包含自己）有最大的利益。從這兩點來看，遵守道德規範的理由是基於個人利益的思考，這樣的想法可以歸類為利己主義（egoism）。

利己主義認為，「我們應該去做對自己最有利的事情。」以這樣的想法出發，如果遵守道德規範正好可以給自己帶來最大的利益，利己主義者自然會（而且也應該）去遵守。

從第一點來看，當我們表現的很有道德時，可以贏得別人的敬重與信任，無論我們從事什麼職業，都會很有幫助，比起做不道德之事獲得的小利益來看，成為大家眼中有道德的人得到的更多。舉例來說，如果是政治人物，多做有道德的事情贏得世人愛戴，容易當選與獲得升官的機會；如果是商人，會得到更好的商業信譽，這可是獲利的保證；如果是一般人，至少可以贏得別人的信任與較好的人際關係，未來如果需要別人幫助時，比較不會被拒絕。這都比做不道德之事所獲得的小利益更有價值。由於做道德之事可以帶給自己最大的利益，所以從對自己有利的角度來考量，即使不想遵守某些道德規範，我們還是應該勉強自己去遵守。

從第二點來看，由於大家一起遵守道德規範可以讓社會更有秩序、更美好，對社群中每一個人都有最大的利益，因此每一個人應該遵守道德規範。這個觀點不僅讓自己有遵守道德規範的理由，還讓每一個人想辦法要求別人也要遵守道德規範，形成一種互相監督的力量。這是大多數人類社會的景象，也導致道德規範可能產生的壞處。因為沒人喜歡被要求做什麼或是被批評不該做些什麼，所以為了達到期待的利益，利己主義者需要冒點風險，萬一社會上很多人不願意遵守某些道德規範，反而會增加許多紛爭，使得壞處大於好處。這也是老子的智慧看見的道德危害。

有沒有不考量個人利益的無私者？

在利己主義中，有一派稱為「心理利己主義」（psychological egoism），主張「人人都是為了個人利益在做事情，所有道德人士其實都只是為了個人利益而已。」這裡說的個人利益不是只針對獲得的實質好處，還包含「為了快樂」而行善，或是為了達到個人成就（例如成聖成佛）而行善。

這種有目的的行善在康德倫理學的觀點中都不算是真正的行善，因為康德強調，行善本身不能是手段，而是目的。行善不是為了獲得任何個人利益。心理利己主義卻認為，根本不會有這種不為個人利益的真正無私者存在。心理利己主義的主張，基本上符合當今科學演化論的結論，認為人都是自私的，天生就帶著自私的基因。理由很簡單，即使古時候曾突變出一些帶有無私基因的人，他們也早就被「天擇」的機制淘汰了。因為，「無私」絕對是個不適合生存的基因。我們可以想像，當社群遇到危險，無私的人犧牲自己拯救別人；當遇到缺糧，無私的人挨餓讓別人先吃。在這種情況下，不管曾經有過多少無私的人存在，也早就犧牲光了，如果犧牲時還沒有子孫，那就消失了一批無私基因；如果有子孫，子孫們帶著這樣的基因繼續犧牲，無私的基因遲早會完全消失。因此演化的結果是，根本不會有無私的基因被人類社會保留下來。

這個理由很合理，但至少預設了兩項，第一，演化論對人類發展的描述是正確的；第二，無私的基因可以在天擇的機制中被單獨考慮。這兩項科學主張都還有爭議，目前在科學上也難以深入驗證。

從另一個角度來看問題，爭論點在於，如果做某個善事時，行為者完全無法獲得任何東西，例如，無法被稱讚、沒有獎賞、不會感到快樂、未來也不會有福報、不能消業障，那麼是否還有人願意做這個善事呢？心理利己主義者認為，不可能會有這種人，因為人的行為一定是為了個人利益。然而，真的是這樣嗎？

人性光輝的一面

以孟子所舉「孺子將入井」的例子來說，當我們看到一個小嬰兒爬著、爬著，眼見就快掉到井裡時，我們是不是會趕快跑去救他呢？當我們要做這個道德善行時，是否會先想到「我將得到什麼利益」或是「救了他我會不會很快樂」？孟子認為，實際上我們不會有這樣的思考，而是單純想去幫助這個小孩，以免他落入危險。

即使會得到快樂或是某些實質獎勵，但是這些東西並非促使我們去做這個行為的理由。因此孟子認為，人具有某些善的天性，而這些善的天性自然而然驅使我們去做一些道德之事。在實際生活中，也常常看到類似捨己救人的行為。例如，日本三一一大地震引發海嘯時，一位名字叫做遠藤未希的女性公務員，冒著生命危險用廣播呼籲民眾趕快逃命，自己卻堅守崗位直到被大水淹沒。這樣的行為究竟是為了個人什麼利益呢？

當今許多科學研究也發現人的確有某些善的天性。例如，心理學家觀察到嬰幼兒偏好喜歡幫助別人的人，較排斥給別人找麻煩的人，而且天生就有相當程度的公平觀念，面對受到不公平待遇的人，願意跟他們分享自己的東西。這些最新的研究證據與前面談到的演化理論不符合，儘管可以找到許多合理的解釋，但目前科學界還沒有共識，仍在研究階段。這些例證顯示，心理利己主義乍看之下雖然很有說服力，但很可能忽略了人性中最光輝的一面。

無論如何，如果做某個道德之事正好對自己最有利時，我們自然會去做，君子、小人或是偽君子都一樣。但當某個道德行為明顯對自己不利時，利己主義的理由就派不上用場了。

31 德性倫理學

古希臘哲學家亞里斯多德主張，德性是通往幸福唯一的道路。要成就幸福人生，我們需要先培養各種德性，方法就是勉強自己去做一些原本不想做的道德之事，像是誠實、有耐心、寬恕、公平、愛人等等，久而久之成為習慣，德性就培養完成了。這也是勉強自己遵守道德規範的好理由。為了成就個人的最高幸福，我們成為一個道德遵行者。

德性倫理學（virtue ethics）和其他倫理學比較起來，最大的不同點在於，德性倫理學主要不是去問什麼樣的行為是有道德的，或我們應該做什麼，而是在問什麼樣的人格特質屬於德性，以及我們應該成為什麼樣的人。這種倫理學在東方哲學中（尤其儒家）更受重視。儒學主張，每個人都應該成為君子，而君子是具備禮、義、廉、恥等各種德性之人。

第二個不同點在於，有德性之人在做道德行為時，是發自內心自然的德性，在自願的情況下樂於做那個行為，而不是為了個人任何利益勉強去做。因此，一個有德性之人，比較不會因為自己遵守道德規範，就用道德規則去要求別人。這也減少了因道德規範引發的社會紛爭。雖然，德性倫理學屬於人類社會較為古代的產物，在現代卻發現其重要性，如果能夠普遍成為一般大眾的處事原則，社會一定會更美好。這也是孔子周遊列國期望追求的理想社會。

培養德性的挑戰

在德性的培養過程中，要對抗的是人的私心大敵。每個人天生都有私心，即使理智上接受德性倫理學的觀點，相信德性的生活才是最幸福的人生，但在培養的過程中，還是會不斷面臨挑戰。

舉例來說，一個學生在面對一門很無聊的課程時，當其他同學都靠考試作弊以求解脫，這個學生能否堅持不作弊的原則，繼續培養誠實的美德呢？如果堅持下去，別人紛紛成功脫離苦海，自己卻仍舊在掙扎，有多少人能夠在這種環境中完成德性培養的大業呢？一個商人堅持不偷工減料，不用不正當的手段打擊同業，但最後在競爭中落敗，關門大吉，有多少商人會在這樣的局面下繼續堅持德性？

當愈來愈多人不願走上德性培養的道路，不願成為真君子，那麼想藉由德性獲得幸福的人將難以達成目標，說不定反而會通往不幸的終點。因此，如果一個國家或社會期待達到孔子理想社會的境界，就必須先建立良好的環境，讓投機者容易失敗，而有德者容易成功，別讓想培養德性的人永遠處在吃虧的一方。否則，在成為君子之前，大多數人可能已經失敗或是放棄了。這就缺少了讓人有道德的好理由。

32 仁心佛性論

儒家與佛教主張，人天生就有仁心與佛性，隨著這些天性自然而然會行善。自私的人實際上只是被慾望遮蔽了本心，只要克服錯誤的觀點與妄想，讓本性得以彰顯，每個人都會是有德之人。

利己等於利他

即使真是如此，我們還是可以問，為何一定要讓本性彰顯呢？如果認為現在很自私的生活感覺不錯，又何必改變？而且要明心見性，談何容易，成功的少，失敗的多，何苦走這一遭，就快快樂樂、自由自在的生活不是很好嗎？

問題在於，儒家與佛教思想包含了人生意義的觀點。明心見性是人生的目的，當這些天性極致發揮時，就能實現成聖成佛的大業。這是整個生命追求的終極目的，當然是一個成為有德者的好理由。然而，這個理由需要訴諸某種特定的信仰，就像基督徒認為，信仰上帝且不犯罪的人能上天堂，這對於相信的人有用，但對於不相信的人來說，則缺乏行善的動力。

針對德性倫理學與仁心佛性論，我們可以問一個問題，這兩者算不算也是一種利己主義呢？為了獲得個人幸福而培養德性，為了成聖成佛而發揮仁心與佛性，從這樣的說詞來看，似乎也是一種利己主義，因為其實踐道德行為的背後仍有目的，在於獲得某些個人想要追求的東西。

不過，這裡面有歧義的問題。就算勉強說它們是利己主義，其所利的「己」與真正利己主義的「己」是不一樣的。這個「己」其實已經包含了他人，是一種自己與他人混合的共同體，利己的同時也有利它（幫助他人）的成分。當一個有愛人德性的人為他人的痛苦而感到痛苦時，雖然幫助別人化解了自己這種痛苦，但由於同理心的作用，這時候的自己某種程度包含了他人，所以利己的同時也在利他，或者說，要達到利己的目的，就必須先利他。

透過電腦成佛的思想實驗

我們可以做一個思想實驗，來判斷這種仁心或是佛性的發揮，算不算是一種利己行為。

假設可以透過電腦虛擬情境的設計培養佛性幫助別人而成佛，受到幫助的人實際上都是電腦虛擬人而非真人。現在讓想要培養佛性的人做一個選擇，可以在真實世界中幫助真人，也可以進入虛擬世界的模擬去幫助電腦虛擬人，假設效果相同，這些人會怎麼選擇呢？

從對於具有高度德性者的瞭解來看，大概不會有人選擇虛擬世界，因為他們不僅僅是為了成佛，而是發自內心想要真正幫助別人。這是電腦虛擬世界所不能達成的目標。相較之下，真正的利己主義者很可能會選擇電腦虛擬世界，因為這樣比較不麻煩，甚至覺得自己既然可以獲得想要的利益，又可以不用幫助真人，實在是太完美了。從這點不同來看，我們可以主張說，依據德性、仁心以及佛性去實踐道德的人，不適合歸類為利己主義。

最後一個鼓吹要有道德的理由，就是本篇一開始討論到的，希望共同建構一個人人有道德的理想社會，而這樣的社會對大家都有益。

簡單想像一下，如果沒有人當賊，我們就不用再去防賊了，提款沒有這麼多限制、住家省去安裝鐵門鐵窗、每天出門也不必帶鑰匙，這樣的生活不是很好嗎？

新一代的哲學問題

如果人人都不去害人，而是互相幫助，我們就不用去防衛陌生人，人與人之間的距離便拉近了。如果人人都不再惡性競爭，而是互相讚美與鼓勵，生活就沒有這麼多壓力。當道德成為一種文化，影響著全體人類時，大概就是人間淨土的來臨。這個理想和當今台灣最大的社福團體——慈濟的宗旨類似，希望藉由發揮菩薩心，幫助眾人，不作惡事，讓人間社會成為一個美好的社會。

然而，人們的私心總是不斷阻撓理想社會的來臨，尤其當愈多人願意遵守道德規範的同時，暗地裡偷偷作惡的偽君子就能獲得愈大的利益，而且由於容易獲得寬恕，其作惡的危險性愈小。也就是說，愈接近理想社會的同時，讓人想在暗地裡作惡的誘惑就愈大。除非大家都能瞭解，人間淨土必須由所有人共同完成，並且願意加入實踐這個理想，否則想要達成此一目標，可說是難上加難。

從這些實踐道德的理由來看，當某個人回應，「第一，沒興趣成聖成佛；第二，不想辛苦培養德性，只想輕鬆愉快過生活；第三，當某些道德行為明顯對自己不利的時候，便不想遵守了；第四，對這種人間淨土沒興趣。」那麼，我們還有什麼好理由鼓勵別人遵守道德規範嗎？這個問題就留給新一代的哲人們來思考了。

第 4 篇

形上學：這是個怎樣的世界？

對！
我們看到的
就是世界的
真相
直接實在論
對！
但我們只是
間接認識這個
世界
間接實在論
不一定
們只能確定
現象的存在
現象論
對！
但我們無法
認識真實世界
(物自身)
康德
純粹理性批判
世界真實存在嗎？
非物質靈魂
存在嗎？

心靈也不存在
取消唯物論
機器也會有心靈
功能論
心靈就是大腦
同一論
YES! 但物質並非真實存在
YES! 而且物質也真實存在
心物二元論
NO! 只有物質存在
唯物論與當代科學
傾向否定
傾向支持
自由意志存在

33 哲學始於驚奇

許多哲學入門書在一開頭會說，「哲學起源於驚奇。」用英文來說則是「Philosophy begins in wonder」，這個說法可以追朔到古希臘時期的蘇格拉底、柏拉圖與亞里斯多德。其實，這裡中文翻譯成「驚奇」並不是很貼切，大多數人對哲學思考產生興趣時，應該沒有什麼「驚奇」的感覺。這樣的說法會讓人誤以為，只有某些特殊的人會對哲學感到興趣。然而，以英文的 wonder 來表達讓人比較能夠感同身受，因為多數人會對某些傳統哲學問題（像是宇宙到底是個什麼樣的東西）產生 wonder 的情緒作用。

Wonder 這個字要表達的是一種「感到疑惑而且想要知道」的好奇心。當古代一個山中少年望向遠山時，他會疑惑山的後面是什麼，而且很想知道。這就是 wonder 的情緒。這個情緒驅使他發問，甚至瞞著大人、忽視未知的危險，偷偷跑去找解答。冒這樣的風險，究竟為了什麼呢？有時自己也說不上來，甚至沒有什麼明顯的好處，純粹只是想要知道而已。

這種最原始的求知慾幾乎可以在所有小孩的行為中觀察到。沒有特定目的，也沒有期望得到什麼好處，經由非常單純的好奇心驅使，我們探索著這個世界。可以說所有人從小就是個哲學家。

世界是由什麼構成的？

當古時候的人們看見滿天星光時，也會感到疑惑並且想要知道，這些星星究竟是怎樣的一種東西；當遭遇地震、風災等各式自然現象，也會想知道，為什麼會發生這種事情？

由於人們對世界充滿好奇、感到疑惑、想知道答案，當沒有答案時，便自己去思考，找出合理的解答，因而形成了最初的哲學體系。就像有哲學之父稱號的古希臘哲人泰利斯（Thales of Miletus, 624 B.C.-546 B.C.），他就主張，「世界由水所構成。」他企圖把所有的一切化約到最簡單的存在。目前我們已經不清楚他為何這樣主張，但只要思考一下也不難猜想。他選擇水的理由可能是因為希臘擁有大量的島嶼，海岸線很長，很容易看到海水。而人、動物、植物也都必須不斷喝水才能生存。很可能基於這些理由，他認為水是一切的根源。

有了最初的推理與觀點，人們就比較容易找出更合理的想法。所以，在泰利斯提出這個觀點之後，有其他哲學家認為「氣」作為一切物體的起源更合理（可能是因為水沸騰後會變成氣的關係）。另外，也有哲學家主張，物質不是由任何可觀察的東西所組成，而是由一種看不見也無法再分割的最小物體所組成。也有主張「地、水、火、風」四大元素，加上「愛與恨」兩股力量來解釋世界的運作。這個想法就跟中國傳統用「金、木、水、火、土」五大元素，加上「相生、相剋」兩股力量來解釋整個世界的運行很類似。

雖然這些理論都很有趣，在古代也算很合理，但是關於「基本物質是什麼」，以及「基本運作力是什麼」的哲學理論，到了現代可以說都落伍了。因為，我們已經有相當程度的能力可以觀察更細微的物質世界及其運作方式，當今科學接下研究這些問題的使命。所以，哲學上幾乎不會再有人提出關於基本物質為何的哲學理論。除非想去挑戰當今科學某些不合理的觀點，否則我們就先採用科學的解答。

世界上的一切物質由質子、中子所組成的原子核，加上圍繞著原子核的電子所組成。另外還有分布在其他地方作用的光子和微中子等等，質子和中子可再分解成各種夸克。支配這些物質的，是由重力、電磁力、強力以及弱力所組成的四大基本運作力量。這些物質與基本力，形成我們所看見的整個動態世界。

然而，目前的科學理論還不完全，仍在發展中，也有許多難以解釋的問題，像是「粒子為何會無中生有？」「粒子為何會有隨機現象？」「因果關係到底是怎麼來的？」這些難以解答的問題也還是有哲學思考的空間。

形上學探討的問題

這些源自於對世界的各種存在感到「驚奇」而形成的哲學，就是哲學類別中的「形上學」。有別於探討人生意義的人生哲學，以及探討道德問題的倫理學，形上學就是探討事物是否存在，及其存在本質的各種理論。所以，形上學也可以說是哲學的開頭，就是由人類天生想瞭解世界的求知慾所展開。

現代人對於形上學的興趣似乎愈來愈低。我猜想，因為求知的好奇心普遍低落，而這個源頭應該是教育方法的改變所造成。由於現代世界教育普及，時間到了就去學校接受教育，而且愈來愈重視考試成績，學生們往往在對知識感到興趣之前，就開始被迫學習，被無情的考試壓力轉移了注意力。這讓人眼中只看到成績，而對學習愈來愈沒興趣。就像在感到飢餓之前就一直吃東西的人，不會對食物有什麼好感，甚至想到就覺得噁心。這種學習風氣轉移了人們的好奇心，破壞了對知識的渴望，也阻礙了對哲學的興趣。

然而，求知的天性是無法抹滅的，就像只要肚子餓了，一樣會想吃；只要脫離了被迫學習的環境，求知慾也會慢慢重新回來。所以，許多人往往在離開學校之後，才開始真正想要學習。

只要求知慾在心中出現了，我們就會和古人一樣，開始感到 wonder，除了對「人生的目的是什麼」，以及「人們應該做什麼」等問題感到好奇之外，我們也會對生活的世界感到好奇，很想知道這是一個怎樣的世界。而且，當我們對世界真相瞭解愈多，也愈有能力推理「人生的意義」以及「道德的根源」等問題。於是，我們轉移了注意力，閱讀現有的科學成果。對於科學尚未能解釋的部分，或是對科學解釋不滿意的時候，我們啟動思考，尋找合理的解答。現在就來看看，古人在形上學領域，留給我們什麼樣的思考線索，以及開發多少我們還不知道的思考領域？

34 實在論：世界真實存在

人們從小探索著世界，這是椅子、桌子、星星、月亮、太陽。正常狀況下，我們不會認為這些東西是幻影，只要是看的到，摸的到，我們就相信它們的存在。但在深入思考後，或許會認為某些東西不太真實，像是彩虹、影子，但至少總有一些東西是真實存在的吧！只要相信有真實存在的事物，就可以算是一種實在論（Realism）的主張。

世界真如我們所見那般存在嗎？

我們對事物的認識不僅針對它們是否存在，而且也認為這些事物的存在狀態，就如同我們所見那般。直到原本的認知出現錯誤或是不協調的情況，才會開始產生困惑與思考。例如，從不同的角度來看，同一件物體可能有著不太一樣的顏色；不同的人在同一個地方，可能有人覺得熱，有人覺得冷。這些互相衝突的屬性不會都是物體的真實屬性吧？

為了說明這種情況，十七世紀的經驗主義哲學家洛克（John Locke, 1632-1704）把事物的性質區分成初性與次性。初性屬於原本事物的特質，像是物體的體積、質量、長度，這些比較不會有因人而異的情況發生。而次性則較依賴感官知覺，像是顏色、氣味。這個觀點使得實在論從「直接實在論」（Direct realism）轉變成「間接實在論」（Indirect realism）。

補充說明 經驗主義與理性主義之爭

在西方十七至十八世紀有所謂的經驗主義與理性主義之爭，針對的是知識的起源與是否存在有先天知識的問題。經驗主義以洛克、柏克萊、休莫為主要代表。認為人天生就像個白板一般，不帶有任何先天知識，而一切知識都起源於感官經驗。理性主義（以笛卡兒、史賓諾沙、萊布尼茲為代表）則認為人天生具備有基本數學與邏輯等先天知識，所以並非所有知識來自於感官經驗。

「直接實在論」主張，我們所見的世界就如我們所看見那般真實的存在。這樣的實在論也被稱為「天真的實在論」（Naïve realism），意思是說，這樣的想法太天真了，屬於一種未經思考的判斷。

從照單全收到開始懷疑

人們在開始認識世界時，的確是抱持著這種直接實在論的觀點，把感官所接收的訊息照單全收，直到有一天，我們發現有些東西的真實狀態似乎和我們所見不同，這時便會產生疑惑。而這疑惑會像傳染病一樣，讓我們開始懷疑其他事物。

首先，第一個很可能會在日常生活中發現的是，「竹竿插入水中變彎曲了，而且拿起來的時候又恢復原狀。」這可能嗎？不太信任這種視覺效果的小朋友可能會做一個實驗，把手伸進水裡摸摸看，察覺竹竿其實並沒有變彎，於是發現原來這只是視覺上的假象。

第二個容易出現的經驗是，「鐵軌看起來不是平行的，而是在遠方愈來愈接近，甚至交錯了。」這不太可能吧？這樣火車怎麼在上面行駛呢？有實驗精神的小朋友便到鐵軌的另一端看看，發現那邊鐵軌也是平行的，但回頭觀察剛剛站的地方，卻是幾乎交錯的。這樣的落差讓有思考能力的人們相信，視覺有時會產生錯誤。當開始用懷疑的態度重新觀察與反思，我們可以發現，所有的感官知覺都可能產生錯誤。那麼，我們將如何瞭解事物的性質呢？

有了這些懷疑之後，我們發現，從感官上對於事物的直接認識比較主觀，而且可能屬於觀察者自己的想法。像是以顏色來說，事物本身可能沒有所謂的色彩，顏色來自於觀察者的大腦，也就是說，顏色是我們自己製造出來的，不是物體本身的性質。但有些事物的性質，比較不直接依賴感官，可以使用儀器測量，像是體積、質量、長度等性質，這些性質就相對客觀的多，也較值得信賴。這樣的想法就讓我們的觀念從直接實在論轉向間接實在論。亦即，我們並不是直接認識事物，而是透過感官加上一些理性思維間接的認識事物。

雖然這樣的想法滿合理的，但一樣會面臨挑戰。因為，不管直接或是間接，我們對事物的認識都依賴著感官知覺。如果感官知覺不值得信賴，不管是初性或是次性，都可能是錯的，它們實際上只有程度的差異而已。

而且更糟的是，在這樣的情況下，既然我們對事物的所有認識都可能是錯的，憑什麼主張事物是真實存在的呢？這不僅讓直接與間接實在論的區別受到挑戰，甚至連實在論本身也受到挑戰。

「物自身」不可知

十八世紀哲學家康德認為，無論是初性或是次性，都是相對主觀的性質，而真正客觀的性質是不能透過感官知覺認識的。他把這種絕對客觀的事物稱之為「物自身」，所以他主張，「物自身超出了理性的認知範圍，它們是不可知的。」

問題來了，既然物自身不可知，康德又憑什麼可以主張物自身的存在呢？針對這個問題，康德並沒有一個很好的答案（雖然他認為道德實踐可以觸及物自身，但觸及的範圍卻不是我們目前所討論的屬於知性的部分）。然而，我們可以幫他找到一個看起來還算不錯的理由。透過「凡事必有因」來推理，既然我們可以觀察到這麼多各式各樣的事物性質，就算這些性質都是錯的，但總有個產生的源頭吧，其源頭就可以稱之為物自身，所以，物自身是存在的。

這個想法在我們習慣的思考中，應該是非常合理的。但是，事情沒這麼簡單。至少，如果康德要用這樣的理由來主張物自身的存在，他會面臨很大的挑戰。

「凡事必有因」，這個想法叫做因果律，意思是說，任何事物的發生都有其原因。例如，當我們聽到一個聲音時，會去尋找這個聲音的發生源頭。我們不會認為這個聲音是無中生有的。我們通常也都找得到源頭，就算找不到，會認為是還沒有找到，而不是沒有。基本上，我們很難想像一個事物的發生是沒有原因的。雖然，因果律很符合我們的直覺，但是，我們很難確認因果律是一個客觀事實。因為，如同康德所認為的，「因果律」本身也不是物自身，而是我們用來觀看世界的一種方式。

補充說明　休莫對因果律的懷疑與康德的解決之道

十八世紀經驗主義哲學家休莫認為，一切知識起源於感官經驗，但是，我們沒有任何感官經驗可以證明「因果律」的存在。當我們看見A球碰撞B球，而且B球開始滾動時，我們所看到的只是「碰撞」與「滾動」兩個事件的前後發生順序，並無法觀察到它們的確有個內在的因果聯繫。因此，我們其實沒有什麼好理由主張因果律真的存在。這是休莫對因果律提出的懷疑。康德也同意這樣的懷疑，他進一步提出，因果律是內建在我們認知系統中的東西，我們用因果律來解釋所觀察的事物，但在真實世界中，因果律是否存在的問題，則是我們無法確認的事情。

當我們要用一個東西來推理哪些事物是真實存在時，必須先確定這個東西的真實性。然而我們無法先確認因果律的真實性，因此我們最多只能說，如果因果律真實存在，那物自身便很可能會存在。但是，如果因果律只是一個虛構的東西，我們又怎能用它來作為一個推理真實世界的工具呢？

既然很難確認物自身的存在，我們也就很難確認世界上有真實的存在物。在這種情況下，「實在論」的合理性就減弱了。如果我們暫時放棄實在論，是否有更合理的理論呢？或許，「現象論」（phenomenalism）是一個可以考慮的選項。

35 現象論：存在的只有現象

「實在論」的基本主張是，世界是真實的存在。這並不像某些佛教派別所說的一切都是夢幻泡影。其實，現代大多數人也都這樣認為，除非有特別的想法或是理由，否則我們不會認為自己生活的世界是不存在的。然而，到底哪些東西是真實存在？這個問題大概會比較有爭議。一般來說，我們相信車子、大廈、花草樹木都是真實存在的，而藉由幻覺所產生的東西是不存在的，錯覺則是錯誤的解讀存在事物。不過，有些東西的存在狀態很不確定，例如，靈魂存在嗎？運氣存在嗎？甚至心靈存在嗎？這些概念雖然在日常生活中常被使用，但我們很難確認其存在地位。

另外，柏拉圖認為真實存在的東西是在理型界，而不是在我們現在所生活的世界。這種觀點也算是一種實在論，因為至少相信有真實世界的存在，只不過其所相信的，不是我們正在生活的世界而已。

現象背後的實體在哪裡？

當今科學認為，我們現在所生活的世界是充滿真實物質的，只要不是像海市蜃樓般的幻覺，我們所看到的東西都是真實的存在物。科學甚至主張一切存在物都是物質，除此之外別無他物。至於心靈就是大腦的作用，而「運氣」與「靈魂」之類的東西，無法在當今科學中找到任何存在基礎，傾向於認為它們只是錯覺或是虛構的存在。

在人類歷史上的某一天，有個人做了一個栩栩如生的夢，夢醒時，他疑惑著，「現在的我，還是剛才在夢中的我，才是真實的呢？」莊子在夢到自己是蝴蝶之後，有了這樣的感覺，他思索著：「究竟是莊子夢見自己是蝴蝶，還是蝴蝶夢見自己是莊子呢？」

電視劇中，常常有一些方法用來分辨作夢與否。例如，捏自己一下或打自己一下看會不會痛，然而這種方法是沒有用的，因為在夢中我們捏自己的時候，一樣會以為自己在痛。原本以為區別夢境與真實世界是很簡單的事，但當我們仔細思考之後會發現，我們根本無法區別它們。尤其最麻煩的問題是，無論是莊子或是蝴蝶，都有可能是另一個存在者的夢境。兩者都是夢，只不過一個是夢，另一個則是夢中之夢。如果真是這樣，那麼我們用以認識這個世界的所有想法、觀念、法則，以及對這個世界所認識的一切事物，有可能全部都是錯的，全部都是不存在的。真正存在的東西是什麼呢？我們完全沒有任何依據可以思考這個問題，甚至主張其存在的理由也沒有。在這種情況下，我們只能說，「存在有我們所觀察到的現象，至於現象背後是否有個『實體』，我們不知道。」這就是現象論的基本主張。

現象論並不一定要否認真實世界存在的可能性，但是，由於我們無法證明真實世界真的存在，因此只能說，我們觀察到的一切都是現象，至於現象背後是否有真實的存在物，我們沒有什麼依據可以做出任何好的主張。那麼，我們就不用理會所謂的實在界，只管現象界就好。

較極端的現象論者則主張實在事物是不存在的。通常，在哲學上要主張「什麼東西不存在」都是很困難的，除非某個東西的存在會導出矛盾，或是產生不合理的局面，否則我們很難有什麼理由主張某個東西不存在。最常見的理由也只是，當沒有任何可靠證據證明某個東西存在時，我們就主張其不存在。

「桶中之腦」的思想實驗

這種極端的現象論和實在論何者比較合理呢？回答這個問題的關鍵點在於，我們是否可以合理假設事物的存在並不是虛幻的？以下藉由一個稱之為「桶中之腦」的思想實驗來討論這個問題。

假設某個瘋狂科學家把小王的大腦取出來，放在一個培養槽中，並且插滿各式各樣的電線，輸送各種關於外在世界的訊息。從早上起床、刷牙、吃早餐、在山中小徑散步、思考哲學問題等等，全部都是由電腦輸入的訊息。在這個假設下，小王的真實存在，只是一個桶中大腦。但是，這些訊息讓小王誤以為他活在十八世紀，以某個哲學家的角色生活著，每天在固定時間外出散步。由於一切經驗都由大腦接收訊號後製造出來，栩栩如生，如同生活在真實世界，所以，小王會認為他所見的一切都是真的，他也自然成為一個實在論者。但是事實上，他所見的一切都是虛構的。在這種情況下，就算小王想到，說不定自己只是一個桶中之腦，他也無法分辨究竟自己是否真的是一個桶中之腦。如此一來，我們似乎完全沒有什麼合理的理由，可以用來否定這種「外在世界不存在」的可能性。

或許有人會說，那至少有大腦和瘋狂科學家的存在，這樣的假設才成立。只要他們存在，這個世界還是真實存在的。也就是說，雖然小王所看見的世界完全不存在，但這個世界背後還是有真實存在的世界。

然而，這樣的反駁完全沒有用。因為，我們很簡單就可以換一種假設讓科學家和大腦不見。例如，為了達成某個目的，神讓每一個靈魂產生這個世界的幻覺，讓我們誤以為生活在這裡，但一切都不存在，根本沒有任何物體是真實存在的。

在這樣的假設中，所有物體的存在基礎全不見了。雖然，我們還是可以說，至少神和靈魂存在，但這就模糊了實在論的基本主張，因為當我們把神或靈魂也當作真實存在物時，就跟被稱為「現象」的東西幾乎沒有差別了，這就已經靠向現象論了，或至少跟原本的實在論主張不同。

所以，從理論上來說，想要建立一種實在論的主張，在這個思路下變得非常困難。這跟我們一般日常生活的想法差異很大，平時認為理所當然、最明顯的存在事物，反而很難確認其存在地位。然而，如果我們換一種思考方式，或許結果會很不一樣。一個二十世紀末期興盛的新觀點，讓原本認為最沒有深度的天真想法——直接實在論，站上思想的領導地位。

36 直接實在論的逆襲：世界就如同我們所見的那樣存在著

直接實在論的崛起主要在於對「絕對客觀」此一觀念的否定。在康德（以及多數人）的觀念中，絕對客觀的事物是存在的，也就是說，當所有一切會思考、會認知的存在體全部都消失後，這個世界依然如其所是的繼續運作著。這個想法跟現代科學的觀點一樣，認為物質有屬於自己的客觀存在性，不會因為認知者的不同而有所不同。到這裡，這個觀點還沒有什麼大問題。但是，我們可以再問，這些絕對客觀的事物，是否有屬於自己的絕對客觀性質呢？這個問題會給這種觀點帶來大麻煩。

「絕對客觀」製造的困局

首先，如果它們有屬於自己的性質，這些絕對客觀事物的性質為何？當然，我們無法瞭解它的性質，因為只要我們瞭解了，它就不完全是客觀的了。因為，瞭解本身就是一個主觀活動。也就是說，不僅人無法瞭解，任何認知者（就像是各種外星生物）都無法瞭解。在這種情況下，我們根本沒辦法談這些「絕對客觀事物」的性質為何，甚至連說其有某個性質都不行，因為，如果根本不可能被認知，那樣的性質如何算是一種性質呢？

我們或許可以說，這些絕對客觀事物是沒有性質的。然而，如果我們這樣說，這種沒有性質的存在物是怎樣的一種存在呢？我們如何想像一種「沒有性質」的存在物？既然理論上有這樣的困難，為什麼還要堅持假設這種難以想像的存在物？

在康德的時代，他稱這種絕對客觀的看事物觀點為神的觀點。也就是說，神可以直接看見物體的絕對客觀性質。到了當代，哲學家們不再喜歡用神來解決哲學問題，這樣的假設性解釋就變得沒有任何說服力。

遇到這樣的思考難題，我們可以先退一步，放棄會讓我們陷入困局的「絕對客觀」的觀念，也就是康德所謂的「物自身」想法。假設所有物質的性質都是相對主觀的，從不同的認知者來看，會看到不同的性質，但這些所有的性質都屬於物質的性質，「事物就是依據我們所觀察的這樣存在著，因不同的狀況、不同的認知者，會呈現出不同的樣貌。」這就是當代直接實在論的主張。

「鈔票」不止是「鈔票」

當代哲學家瑟爾（John Searle, 1932-）也提出，這樣的直接實在論觀點才更能符合我們日常生活的各種存在觀。例如，「鈔票」、「螺絲起子」等事物的存在就不可能完全客觀，因為這些東西的存在必須將人類的心靈與社會活動納入考量，才能確定其存在性。如果堅持客觀，我們必須否定這些東西的存在了。直接實在論觀點就不會有這樣的問題。

從這個角度來說，直接實在論接受物體本身的客觀存在性，當一切認知者都消失時，所有物體仍然繼續存在。只不過，沒有所謂的絕對客觀的物體性質，所有性質都是相對主觀的，而且這些性質就是物體本身的性質。我們認識的世界，就是這個世界本身。

那麼，該如何解釋錯覺呢？難道錯覺也是物體本身的屬性？例如，鐵軌在遠方真的有交錯嗎？事實上，對於直接實在論來說，「鐵軌在被人類視覺觀察時，會在遠方呈現出交錯的狀態」，這的確是物體本身的性質之一。當我們拋棄了以絕對客觀性質來理解客觀事物之後，以主客作用的方式重新理解物體時，理論的內在困難似乎真的比其他理論更少了。

37 靈魂存在問題

在討論各種存在問題時，一般來說，除了幻覺之外，我們比較不會去質疑各種物體的存在。然而，與我們生活最息息相關的一樣東西的存在狀態卻沒有這麼明顯，針對這樣東西存在狀態的討論，一直是哲學上很重要的焦點，從古至今，未曾間斷。這個東西叫做：「心靈」（mind）。

許多人類文明都自然而然會發明一個字，象徵著心靈的獨立存在地位，當人生命喪失之後，心靈仍舊以某種方式存在，我們將這樣的存在體叫做「靈魂」（soul）。那麼，靈魂真的存在嗎？

心靈哲學與唯物論

這個問題對人生的重要性並不亞於神存在問題。如果靈魂不存在，表示人在生命喪失之後不再繼續存在，在這種情況下，人生是很難有什麼特別意義的。

如果靈魂存在，我們要問的另一個問題則是：「靈魂是由什麼東西構成的？」如果靈魂不存在，我們便想問：「心靈既然不是靈魂，那麼它是如何產生的？」當然，更深入的思考也可以探索「心靈究竟是什麼？」甚至，「心靈真的是一種存在現象，還是只是一場幻覺呢？」這些問題構成哲學上的一大分支，就叫做「心靈哲學」（philosophy of mind）。

在心靈哲學問題中，主張靈魂不存在，而心靈是由大腦等物質所構成，這樣的想法偏向「唯物論」（materialism）。唯物論認為世界上一切存在事物都是由物質所構成。當然，唯物論也不一定要否定靈魂的存在，如果靈魂由物質所構成，也可以符合唯物論的主張。雖然的確有些實驗主張可以藉由測出靈魂的重量（死後比死前重量輕一些），來證明靈魂的存在，以及其是由物質所組成。但這些實驗充滿了爭議，很難讓人信服。

補充說明　靈魂重量的實驗

在二十世紀初期，美國麻州一家市立醫院的麥克道格醫師企圖去測量靈魂的重量。他在病床裝設可以測量重量的儀器，當病人斷氣的瞬間，他發現病人少了約兩個銀幣的重量，也就是大約二十一公克。之後又有類似的發現，雖然發現的重量不同，他仍然認為，靈魂是有重量的物質。但在他之後，也有一些科學家陸陸續續嘗試做了類似的實驗，卻無法獲得類似的結果。

我們很難想像在物質身體死亡後，還能有什麼樣的物質繼續存在，而且更難的是，這樣的物質如何能夠保持我們心靈的運作。所以，抱持這樣主張的人很少，一般來說，唯物論幾乎就是否定靈魂的代名詞了。

心物二元論、唯心論、取消唯物論

如果主張靈魂存在，大多認為靈魂屬於完全不同於物質的另一種存在實體。「實體」這個詞的意思就是「實際存在的物體」。這種觀點，主張實際上存在有兩種不同的實體，稱之為「心物二元論」（mind-body dualism）或簡稱為「二元論」（dualism）。這兩種不同的存在實體，一是物質，另一則是非物質的靈魂，而這非物質的靈魂就是構成我們心靈現象的要素。

另外，從認知的角度來看，由於一切思想都是主觀的，我們從來就沒有任何直接對客觀事物的認識，所有的事物都必須被我們認知到了，我們才能確認它們的存在。例如，我相信眼前這本書存在，那是因為我看到它、摸到它。當我們看不見又摸不到時，就不會相信它的存在。也就是說，我們實際上是依賴感官知覺來確認一個物體的存在。只要有感官知覺，無論事物是否真實存在，我們都傾向相信其存在；反過來說，如果沒有感官知覺，不管事物是否存在，我們都傾向於認為其不存在。在這樣的情況下，感官知覺這種心靈作用比物質的存在還要更為基礎，物質是否存在必須仰賴心靈的作用。從這樣的觀點看世界，有些哲學家主張，一切物質世界的事物都是虛幻的，而心靈才是真實存在的。這樣的觀點則稱之為「唯心論」（idealism）。

到了現代，由於最熱門的唯物論遭受「意識問題」的挑戰，導引出一種很特別的唯物論，稱為「取消唯物論」（eliminative materialism）。這種唯物論不僅要否定靈魂的存在，甚至認為「心靈」都是個很有問題的詞彙，並主張一般所說的「心靈」，其實沒有正確對應到真實世界的任何東西，所以甚至可以說，心靈是不存在的。這個看似很荒唐的想法，背後卻有著很強的支持理由。後面幾個篇章將討論這些理論。

38 心物二元論：心靈與物質兩者並存

許多文化傳統相信有靈魂的存在，雖然大多沒有針對靈魂的組成究竟是什麼的問題有所討論，但基本上會認為是一種和物質不太一樣的存在方式。例如，能飄在空中或是能夠穿牆。這些觀點大都接近心物二元論的主張，認為心靈與物質是屬於完全不同的實體（亦即，實際存在體）。那麼，這個主張的理由是什麼呢？

笛卡兒區分物質與心靈

理由其實不難推想，應該是從直覺上來看，心靈和物質有著非常大的差異。我們可以藉由內省發現心靈的各種作用，像是生氣、感恩、快樂、滿足。藉由對外的觀察我們瞭解物體的各種性質，像是發光、破裂、流動、落下。外在事物和心靈的性質差異讓我們覺得這兩者應該是不同的存在體。

從這個直覺來說，我們不易解釋清楚兩者的主要差異何在，因此其說服力會比較弱。然而，哲學家笛卡兒卻找出了其中最大的差異。他認為，心靈的主要特質是「思想」；而物質的主要特質則是「占有空間」。反過來說，心靈不占有空間，而且物質也沒有思想。這樣的一個清楚明顯的巨大差異，讓笛卡兒可以更有說服力的主張，心與物是完全不同的實體。這也就是心物二元論的基本主張。

笛卡兒繼續研究心靈與物質的各種特性，他認為，雖然心靈與物質是不同的實體，但兩者間具有交互作用。心靈會影響物質，就像是緊張（心靈作用）的時候心跳會加速（物質的作用）；而物質也會影響心靈，就像受傷（物質的作用）的時候會感覺到痛（心靈作用）。

這兩個主張（心物屬於不同實體，以及心物有交互作用）合起來稱為「笛卡兒式的心物二元論」（Cartesian dualism）。這兩個主張雖然都很符合我們的觀察與直覺，但是不太合理，因而引發許多人的質疑。試問，不同實體之間要如何交互作用呢？一個不占有空間的心靈又怎麼去影響一個占有空間的物體呢？這些問題稱為「傳統心物問題」，是藉由對笛卡兒式的二元論提出挑戰，而形成的問題。

心靈與物質有交互作用還是平行？

笛卡兒把心物二元論變得比較理論化、條理清晰，也比較有說服力，但是同時也帶進了傳統心物問題，讓笛卡兒心物二元論的支持者傷透腦筋。其實，多數人想法傾向於笛卡兒，情緒上通常也比較喜歡這樣的理論。但是，如果你想要支持笛卡兒，你就必須回答：「既然心與物是不同實體，它們究竟如何能夠交互作用？」或許有人會說，「其實這並不難，只要把心靈想成是一種能量，能量影響物質，而且物質反過來影響能量，這不就解決了嗎？」

這個答案或許在笛卡兒時代可以算是一種好的回答，但現代不行，因為依據現代物理學的定義，能量事實上就是物質的另一種表現形式。

補充說明　能量就是另一種質量（$E=MC^2$）

物理學家愛因斯坦提出了能量與質量可以互換的公式，而且也獲得了實驗證實。這個公式就是著名的 $E=MC^2$。E代表能量，M代表質量，C代表光速。由於光速是一個恆定不變的常數，所以，質量與能量的換算值是固定的。只要技術上沒有問題，理論上來說，有多少質量就能轉換成固定數值的能量，反之亦然。所以，能量與質量就形成了物質的兩種不同表現形式。它們可以說是一體兩面的存在體。

當我們說物質時，其實就包含了能量。如果把心靈當作是能量，那就會變成唯物論了。所以，心靈必須是別種存在物，而這種完全不是物質也不是能量的東西，究竟是要怎樣影響物質呢？這是一個難以想像也難以回答的問題。當然，並不是不可能，我們可以假設有一種目前還完全不了解的存在體，且可以和物質交互作用。這個假設不會導致任何矛盾，不過只能發展到這個假設階段，雖然合理，但在幾乎沒有其他更好的理論或是證據的支持下，這個理論的說服力會降到很低。

傳統心物問題讓支持笛卡兒的人難以回答，因此有哲學家轉而主張，「不同實體的心跟物是沒有交互作用的。」這樣的主張稱為「心物平行論」。但這個主張讓人覺得更不合理，因為心物交互作用實在太符合我們的日常觀察了，如果要放棄這個觀點，不如放棄「兩者是不同實體」的二元論觀點。於是心物二元論的合理性暫時走了下坡，取而代之的是把心物來源視為同一實體的「一元論」主張，其中有唯心論與唯物論。

39 唯心論：世界是由心靈所構成

唯心論主張：「這個世界只有心靈真實存在，物質是由心靈所創造出來的一種想像。」如果是第一次看到這個想法，大概會覺得很怪異，難以置信，甚至無法想像。要理解這個理論，我們可以從類似《駭客任務》這部電影的一個想像談起。

線上虛擬遊戲的真實世界

「我們以為自己生活在二十一世紀初期，但事實上，這一切都只是人類曾經有過的一段歷史。現在可能是三十世紀或甚至是四十世紀，地球早已被電腦人所統治，電腦人為了要取用人腦運作時所產生的能源，把每一個人的大腦接上訊號線，輸入二十一世紀的各種生活訊息，讓我們誤以為自己生活在這個時代。」

假設這個想像是正確的，我們是否能夠經由推理發現這件事呢？答案應該是「辦不到」。

除非我們能夠拔掉訊號線，從假象中掙脫出來（就像從夢中醒來一般），否則永遠無法知道原來我們所觀看的一切都只是電腦訊號而已。其實，也可以不要用這麼科幻的想像，只要思考當我們在睡夢中，是否能夠經由推理發現自己正在作夢？然而，唯一能讓我們確認作夢的，似乎只有當我們離開夢境醒過來的時候。

這樣的假設仍舊不完全是一個唯心論的世界，因為還是有所謂的真實世界以及真實的大腦存在。但我們可以說，從電腦控制的世界和夢中的世界來說，一切都不是真實的，唯有思想是真實的存在。那麼，這就是一個唯心論的世界。

再看看現在所生活的世界，我們如何知道自己不是在作另一個夢呢？如何知道自己不是在另一個世界掛滿訊號線的大腦呢？讓我們做一個更合理的想像。假設科技愈來愈進步，可以設計出真實經驗一般的線上角色扮演遊戲，而且為了逼真效果，我們在遊戲中會暫時忘記原本的自己，以為線上遊戲就是真實人生。

或許有人會說，這個（讓我們以為是真實世界的）線上遊戲為什麼要做的這麼不令人滿意呢？有可能我們不是為了「玩樂」進入虛擬世界，而是為了學習某些東西才來的。這樣也許還算合理。在這個世界中，我們可以把所有人都當作真實存在的玩家（說不定有些人是沒有真實心靈的虛擬人物，像是某些瘋狂殺手或是夭折的嬰兒），我們可以說，心靈是真實存在的，而一切物質都只是電腦訊號造成的。從這樣的眼光看世界，就是一個唯心論的世界。只有心靈為實體，物質並非實體。

從這個想像延伸，做一個更深入的假設。如果每一個人的真實存在狀態真的只是非物質的靈魂，而靈魂藉由某種像是電腦訊號一般的力量，讓我們產生二十一世紀世界的想像而生活其中，那麼，所有物質都不是真實存在的，也沒有所謂的電腦，一切都是人心作用而形成，這就會是一個完完全全的唯心論世界觀了。

一朵無人見過的山中小花，它存在嗎？

古希臘哲學家柏拉圖也可以被視為唯心論者。因為，他認為真實的世界不在我們現在所生活的這裡，而是在一個叫做「理型界」的地方。那邊的一切都是真正對應於我們的心靈（或靈魂的）各種觀念，像是對應於圓形的觀念就有真正的圓形，對應於三角形的觀念就有真正的三角形客觀存在著。我們現在生活世界的一切事物，就像是真實世界的影子一樣，只保留了部分的原本樣貌。也就是說，在目前生活的這個世界中，只有靈魂中的觀念是真實存在的，其他都不是。從這角度來看，真實存在物只有我們的靈魂，而包含肉體在內的一切事物都不是真實的存在物。

在柏拉圖的世界觀中，若要說當今我們所生活的世上一切都是虛幻的，也不恰當，因為這個世界的一切還是分享著真實世界的部分屬性。只能說，他們不是完全真實的存在物。但只要其主張符合「這個世界的真實存在物只有心靈（或靈魂），其餘皆不是真實存在物」，我們就可以稱其為「唯心論」，所以唯心論也可以有很多不同的種類。

十八世紀哲學家柏克萊（George Berkeley, 1685-1753）也是個唯心論者，他主張：「存在就是被覺知（To be is to be perceived）。」意思是說，「當我們說一個事物存在，也就是說這個事物被覺知了。」例如，當我說眼前「這張書桌存在」，那就表示「我覺知了這張書桌」。問題來了，依據柏克萊的想法，是否有可能存在「一朵無人見過的山中小花」呢？一般來說，我們認為毫無人跡的山中也會有小花綻放，但是誰看見了？既然沒人看見（覺知），就應該不會有這種東西存在，不是嗎？為了回答這個問題，我們來看兩種對柏克萊想法的解讀。

第一，從認知的角度來解讀（也可以說是從知識論的角度來解讀），「我們只有覺知一件事物時，才知道（或確認）一件事物的存在。」這個解讀並不否認，有可能存在一個從未被任何觀察者覺知的事物。例如，「無人的山中開了一朵小花。」這沒有人覺知到，但仍舊很可能發生，只是我們沒有覺知到，也就難以確認其存在。另外，當所有人從房間裡走出來，沒人繼續覺知這間房間內部的時候，我們相信房間裡的一切事物仍舊保持著相同的存在狀態，並沒有消失，只是我們沒法確認而已。這個解讀很符合我們的直覺，幾乎沒有什麼爭議性。但是，這個解讀不能掛上「唯心論」的名牌，因為它接受了心靈之外事物的存在性。

第二個解讀是從存在的本性來說，也叫做形上學的解讀，基本上比較符合柏克萊的原意。在這個解讀中，「沒有被任何觀察者覺知的事物就是不存在的。」從這樣的定義來說，「山中沒有被觀察到的小花」以及「無人的房間內部」，這樣的事物是不存在的。而且，即使在飯店大廳中的一朵花，只要沒人覺知它，它就不存在，直到有人去觀察它，它才又出現。

電腦程式跑出的一匹馬

這個想法聽起來很離譜，很難讓人接受。柏克萊自己也不打算吞下這顆理論上的炸彈，因此他主張，因為上帝（一個觀察者）觀看著這一切，所以無人的山中小花綻放，以及所有人離開的屋子內部，這些都是可以接受的存在物。

當哲學理論遇到困難時，向上帝求助的方法在過去信仰堅定的時代或許有用，到現代大概很難說服人了。不過，有個更好的方法可以協助我們想像與理解柏克萊的理論，透過大膽假設能讓直覺上難以否認的外在物質世界，真的都不存在。

再以電影《駭客任務》的假想來看。電腦程式是隨著觀察者的存在而形成的，當建構一切事物的電腦程式沒有被任何觀察者使用，即沒有在運作的時候，那些事物當然就不存在了。

玩過電腦遊戲的人很容易明白這種情況。當我在遊戲的虛擬世界中呼叫一匹馬時，這匹馬存在，但是當我不再騎馬的時候，馬到哪裡去了呢？馬的出現是因為我需要它，把它叫了出來，這時它只是一個電腦程式在運作，而呈現出馬的樣子與其各種屬性。當我不再需要它時，這個馬的電腦程式沒有運作，那麼這匹馬就消失了。至少在那個遊戲世界中，馬不存在於任何地方。一切事物都是依觀察者的覺知而存在，只有心靈是真實存在的。

當我們用這樣的觀點來看世界時，自然就不存在「無人的山中開了一朵小花」這樣的事情。當所有人離開一間屋子時，也就沒有所謂「屋子裡面」這樣的東西了。當沒有任何線上遊戲玩家進入一個城鎮時（例如沒人進入魔獸世界的暴風城），這個城鎮就不存在。甚至當沒有玩家在進行遊戲時，整個遊戲的虛擬世界就消失了。

從線上遊戲的角度思考，可以給唯心論一個較為合理的想像，但是唯心論比較大的麻煩應該是關於「事物的恆常性」。外在物體看起來比心靈更為穩定，心靈是多變的，事物卻難以改變。昨天的我和今天的我，在心情上或許會有很大的變化，但昨天這張桌子和今天這張桌子看起來實在沒什麼差別。在這種情況下，要主張心靈是實在而外在事物是虛幻，似乎很難讓人信服。因此，雖然不能說唯心論一定是錯的，但是在沒有更好的理由支持下，多數人仍覺得唯心論較沒有說服力，畢竟物質的存在還是比較實在一點。

40 唯物論：心是由物質所構成

針對外在事物，我們最自然的觀點其實就是主張物質是真實存在的。那些看得見、摸得到的東西當然就是實實在在的事物，只有像是幻覺之類的東西才是假的、不存在的。這個觀點如果再加上認為「心靈是由某些物質（像是大腦）的作用產生的」，就會傾向於「唯物論」的思想，認為世界上一切存在物都是由物質所構成。

人類智力的最大挑戰

心靈真的是由物質構成的嗎？雖然當今科學界的確這麼主張，但是還沒有一個確切的答案，而且這個主張並不算是科學研究的成果，而是一個科學的預設。

經由許多腦傷的研究，我們發現人的心靈和大腦息息相關。當大腦某個部位受傷時，一個人的個性可能會有巨大的轉變。例如，大腦前額葉受傷的人可能會變得很淫穢，而且難以抑制性衝動。另外，當大腦化學分泌失調時，人的情緒可能會受到影響。例如，多巴胺的分泌與快樂的情緒有關，一旦分泌失調，就容易形成情緒障礙。這些證據都指向大腦和心靈有著密切的關係，但並不能證明心靈完全由大腦製造出來。因此，主張心靈就是大腦的「心腦合一論」，事實上不是一個科學研究的結果。不過，現代腦科學先做這樣的假設，然後想辦法在大腦中發覺一些心靈的奧祕，往往有不錯的成果。在這種情況下，我們會愈來愈傾向於相信心靈是由大腦所製造出來的現象。

除非我們可以發現一些難以用大腦解釋的心靈現象，否則想去否定唯物論的觀點會很難成立。然而，有這些現象嗎？事實上是有的。從理論和經驗證據上都有，所以這個問題仍然懸而未決。

從理論上來說，有一個問題叫做「意識的問題」或「心之不可化約性問題」、「新心物問題」，也稱為「難題」（the hard problem）。這個問題被許多人認為是人類智力的最大挑戰。它的問法有許多種，最簡單的是：「大腦如何產生意識？」意識（consciousness）現象大概是心靈最核心的特質，但是當企圖用任何物理現象或是物理法則來說明如何產生意識時，在我們目前的想像範圍內，無法有讓人感覺恍然大悟的答案。所有可能的答案都像是跳過一個無法解釋的鴻溝一般。

試著想想看，我們可以嘗試主張，「某些神經細胞的某種運作，導致快樂的意識現象。」好！我們接著可以問，這些神經細胞的運作是「如何」產生快樂的？快樂到底在怎樣的運作中出現？無論給出什麼樣的答案，這個解釋都會像是跳過一個最關鍵的核心點，怎麼樣都無法觸及到最重要的部分。

如何解開意識的難題？

當代哲學家馬格印（Colin McGinn, 1950-）主張，這是一個無解的問題。他說，假設連結物質與意識的某個特質叫做P，當我們想要解開物質如何產生意識的謎題時，就必須瞭解這個性質P。性質P既然是連結物質與意識，它應該同時具備兩者的某些特質，但是無論如何，我們都無法同時把握這兩者。從客觀角度來看，我們只能看見物質特質；從內心的主觀角度來看，我們只能觀察到意識特質，永遠無法連接這兩者，也就是說，最多只能分別掌握性質P的兩種特質，永遠沒辦法把這兩者融合為一體。在這種情況下，我們根本無法真正掌握性質P，而掌握到的永遠不完整。不可能完全瞭解性質P，也就無法連接物質與意識。這個難題就是一個永遠無法解決的問題。

這個論證有著很高的說服力，但其有個基本預設，認為我們的思考能力無法跨越主觀與客觀的區隔。這是否真的是人類思考的限制呢？我們是否能夠找出另一種解讀世界的方法而脫離限制？這是多年來哲學家們一直在尋找的新思路。如果有一天能夠突破這層障礙，或許難題將不再是個難題。

當我們在唯物論的假設中發現這個難題時，便可以提出質疑，「既然心靈由物質所造成，為什麼無法用物質來說明清楚心靈的意識現象呢？」這個問題使唯物論的合理性遭受挑戰。而且在難題被解決之前，科學無法真正得出「心靈由物質造成」的結論，所以唯物論目前只能算是科學的假設，不是一個被證實的成果。

在經驗證據方面，能夠挑戰唯物論的，是某些目前仍舊難以被科學所解釋的「轉世現象」、「靈魂離體」以及「瀕死經驗」。雖然科學嘗試從不同的角度來解釋相關證據，但是大都難以令人信服。這些現象也的確充滿了爭議，因為它們大都依賴個人經驗報告，很難獲取客觀的說服力。例如，某個宣稱轉世的人知道另一個從沒去過的鄉村的某些事情。我們如何確認他真的沒去過，或沒人告訴過他呢？一個靈魂離體的人宣稱瞭解了一件過去不知道的事實，我們又如何確定他是真的不知道，還是過去曾經知道但一時忘了呢？我們或許可以選擇相信他們沒有說謊，但科學精神難以在這樣的信賴中立足，我們也難以藉由這些現象來證明靈魂的存在，以及確認其是否為非物質的存在體。

41 奧坎剃刀原則：不要做多餘的假設

除了符合我們日常生活中，認為物體實實在在存在的感覺之外，中世紀哲學家奧坎（William of Occam, 1285-1349）所提出的「奧坎剃刀原則」，提供唯物論在理論建構上的最大支持理由。

理論的精簡原則

奧坎剃刀原則是說：「當兩個理論有相同的解釋力時，我們選擇需要最少存在假設的那個。」這是什麼意思呢？讓我們舉例來說明。

目前科學對燃燒現象的理論是需要三個基本要素：可燃物、助燃物，以及到達燃點的溫度。這三個要素缺一不可（每個要素都是燃燒的必要條件），只要三個條件都有了，燃燒現象一定會形成（三個要素加起來形成燃燒的充分條件）。

然而，我們還可提出另一個有著一樣解釋力的理論，這個理論認為，燃燒現象需要四個基本要素，除了前面談到的三個之外，還需要一種特別的粒子，稱之為R粒子。這種R粒子因為難以偵測，目前尚無法找到，而且R粒子充滿在宇宙任何一個角落，所以平時難以發現燃燒需要它的存在。

這個R粒子的新理論可以解釋目前為止的各種燃燒現象，它的解釋力不會比原本三個條件的理論要差，但也沒有比較好。其缺點是，它需要更多的存在假設。在這種情況下，我們傾向於認為三個條件的理論是比較好的，而需要更多存在假設的R粒子理論則是比較不好的。否則，我們可以運用想像力，假設各式各樣的新條件，然後依據類似的方

請依據奧坎剃刀原則：
別做多餘的假設。
你最近常常很晚才回家，
又常常有奇怪的簡訊，
是不是有小三？

法，創造出非常多（具有相同解釋力的）不同理論出來。

這個世界是複雜的

從這角度來看，奧坎剃刀的確很有用處，它讓我們可以選擇最精簡的理論。除非有必要，我們不會增加任何存在假設。

然而可惜的是，這個世界並不見得會遵守這樣的「節約原則」。我們發現很多自然法則到頭來都變得非常複雜，宇宙法則似乎不全然走精簡路線。因此，當我們為了實用的理由遵循奧坎剃刀原則時，應該沒有什麼問題。例如，如果我們現在就假設「這種難以偵測的靈魂是心靈的主要來源」，那麼科學就走不下去了。因為我們無法做任何實驗來證明任何說法，一切心靈理論會變成只是空想。除非發現某些現象讓我們不得不假設靈魂的存在，否則盡可能從已知的事物來解釋各種心靈現象，這種態度會讓科學的發展較為容易一些。奧坎剃刀的確提供一個很實用的研究方法。

也就是說，當我們為了研究方便，而使用奧坎剃刀原則來思考問題時，這比較沒有爭議。但是，當我們使用奧坎剃刀原則，作為判斷一個事物究竟是否存在的標準時，就會很有問題了。我們很難找到合理的理由，主張宇宙法則的確是遵循奧坎剃刀原則。奧坎剃刀原則並不適合作為事物是否存在的判準。

我們可以說，在探討心靈的問題上，為了方便科學發展，可以暫時假設唯物論是正確的，暫時忽略目前難以偵測到的靈魂，作為對某些現象的假設。這樣的作法雖有利於科學發展，但並不是說，靈魂就一定不存在。何況，當今科學還難以解釋靈魂離體與前世回憶等奇特現象，這些未解的現象能讓靈魂假設有貢獻的機會。

從目前關於心靈的各種理論來看，唯物論雖然感覺上最具合理性，但實際上，唯心論與心物二元論仍舊不能排除其可能性，而且各據優勢。

42 取消唯物論：意識根本不存在

在面對有著「難題」頭銜的意識問題時，有個非常值得一提的理論。這個理論屬於唯物論的一支，稱之為「取消唯物論」。但它不是要把唯物論取消，而是要把意識（甚至心靈）取消的唯物論。

在各種唯物論中，有些理論主張心靈就是大腦，稱為「心腦同一論」。另外還有一種稱為「功能論」（functionalism）的唯物論類型，其主張「心靈就像是個電腦程式一樣，即使沒有人類大腦，只要有一樣的程式在運作，就算是機器人也會和人類有著一樣的心靈與意識。」這些唯物論至少都還接受心靈與意識的存在，只是主張心靈與意識是由物質所構成。然而，取消唯物論卻懷疑甚至否定它們的存在。

心靈可以對應到什麼東西？

看到對心靈與意識的懷疑，大多數人大概都會覺得很荒唐。我們怎麼可能去否定心靈的存在呢？就像笛卡兒的名言「我思故我在」。這句話可解讀成「如果我在懷疑（思考），那心靈（我）就一定存在，因為懷疑本身就是一種心靈的活動，所以我們根本不能懷疑心靈的存在。」

那麼，取消唯物論是怎麼在懷疑的呢？首先，取消唯物論使用一種唯物論的角度在看世界，所有一切事物都是由物質所構成。當我們談到心靈時，這些東西當然也是由物質所構成。於是，我們可以問一個問題，究竟心靈可以對應到物質世界的什麼東西呢？如果並沒有一樣東西恰好可以對應到（我們企圖指涉的）心靈（與意識），我們便可以說，心靈與意識不存在。但取消唯物論並不是要主張心靈與意識沒有對應到任何東西，而是要主張其所對應到的東西並不是可以適當的被稱之為「一樣東西」。

舉例來說，當我們在紙上畫一個正立方體，看起來是一個立體的圖形，但是那是一種錯覺，真正的存在物只是平面的線條而已。在這種情況下，我們可以說正立方體本身並不存在於這張紙上，而被我們誤以為是正立方體的東西，其所對應到的真實存在物，跟我們以為的差距很大。再舉一個更貼切的例子，請先在下一頁的圖中尋找三角形的圖案。

這個圖形稱之為卡尼薩三角形（由心理學家卡尼薩所提出），大多數人都會看到中間有個白色的三角形（還壓著一個黑邊線的三角形）。假設圖中的事物都是真實世界的東西，那麼這

卡尼薩三角形

個白色三角形（以及另一個三角形）是否能對應到真實世界呢？答案是：「否」。

在真實世界中，真正的存在物體是三個黑色小精靈加上三個勾形線條，當他們處在某些巧合的排列時，會讓人產生這樣的錯覺。由於這只是偶然的某種排列所造出的現象，因此我們可以說，圖中的三角形並非真實存在物。

取消唯物論認為心靈與意識的很大部分就像是這個三角形一般。

這也解釋了為什麼心靈與意識由物質所構成，但又無法被物質所解釋。因為它們只是偶然出現的，類似幻覺或錯覺一般的存在。並不是在物質世界中，剛好有個可以對應這些語詞的東西，可以適當被稱為「心靈」或是「意識」。

重新解讀「內在狀態」

支持取消唯物論的經驗證據也有，首先，我們無法發現大腦有哪一個特定部位可以對應心靈與意識。當大腦在不同位置運作時（或任何特定位置較不運作時），都能產生心靈與意識現象。這表示心靈與意識並不在大腦的特定位置。

而且，各種心靈的因果律也難以對應於物質世界的因果律。例如，在物質世界中，物質會依據一定的定律在運作，就像各種科學公式一般，但是在心靈世界中，任何規則似乎都會有例外。就像「每個人遇到害怕的事情就會盡量避免接觸」，或是「遇到困難就會心情不好」，諸如此類的心靈法則都無法像科學公式般的具有必然性。有些人遇到害怕反而更勇往直前，有些人遇到困難反而更振作。

既然心靈是由物質所構成，為什麼心靈法則無法像物質法則一般具有必然性呢？因此取消唯物論主張，我們對心靈的整個理解都錯了，「心靈」與「意識」這兩個詞都不適合再使用來表達任何存在的事物。我們需要從腦神經科學的角度重新解讀我們的「內在狀態」（而不是心靈狀態，因為「心靈」這個詞應被取消不用），當我們重新解讀之後，將會有完全不同的看法。

這樣的質疑與推理讓這個看似荒唐的取消唯物論，反而比其他類型的唯物論更具有合理性。因為，取消唯物論可以避開「難題」的挑戰，將難題視為一個需要被解消，而不是被解決的問題。

不過，這個優勢也僅限於跟其他唯物論來比較。如果跟主張心靈實體存在的唯心論與心物二元論來比較，它在這個質疑中並不具有優勢，因為相信心靈實體的人可以很簡單的回應難題的挑戰，「就是因為心靈不是由物質所構成（或至少不完全由物質所構成），所以兩者之間才會有這麼大的差異。」

43 自由意志存在嗎？

形上學這個篇章一開始討論的是關於這個世界是否真實存在的問題。在這個問題中，有實在論與現象論的區別。第二個問題則是關於心靈與物質存在地位的討論，有唯物論、唯心論，以及心物二元論的主張。現在我們要進入第三個問題，這個問題在日常生活中很少有人會主動發現，但在哲學裡經常被討論。這個問題要問的是，「自由意志是否存在？」

誰在做決定？

所謂「自由意志」，指的是「在我們的能力範圍內，我們的確能夠自由作出選擇。」例如，在填大學志願時，只要沒人干預我，我就可以自由選擇何者是我的第一志願。又或者，當我們漫無目的的逛街時，我可以在一個叉路上選擇向左或是向右。基本上，我們都相信自由意志的存在，因此有時會對自己的（自由）選擇感到懊悔。然而，自由意志真的存在嗎？

有些人抱持一種「命定論」的觀點，認為一切都是命中注定，不僅針對自己的遭遇，甚至包含自己想些什麼或做什麼決定，都是命中注定的。在這樣的觀點中，自由意志就不存在了。或者也可以說，這種情況下的自由意志只是一個假象，我們以為自己真的在做決定，但實際上會做什麼決定早已被決定了。

在個人反思中，有時也會發現，自己在不知不覺中，受了某些觀念的操控而做出決定。也就是說，我們其實不完全是自主的。這個主張比較沒有爭議。心理學家已經證實，我們的決定的確受到許多不易發現的因素所影響。

然而不管如何，總有些自由選擇的能力吧！當我手上拿起一枝筆，至少可以決定要把這枝筆放在左邊還是右邊。難道連這樣的自由都沒有嗎？這似乎太不可思議了。只要還有選擇的能力，就算有自由意志

我選擇相信自由意志不存在，
一切都是命運。不用躲了！

了。所以，自由意志實在是個非常符合日常直覺的東西，在正常狀態下，我們不會去質疑自由意志的存在。但是，在當今唯物論主導的科學時代裡，它的存在卻是一項很大的困擾。

試想一下，如果自由意志存在，那麼依據唯物論的觀點，由於一切都是物質作用的產物，因此自由意志是由某種物質作用所產生的現象。然而，依據當今科學的觀點，一切物質都遵循著不變的定律在運作，即使在量子力學所描述的微觀世界裡，粒子也遵循著一定的機率在運作。由此看來，怎麼可能會冒出自由意志這種東西呢？簡單的說，這個世界都是由不自由的粒子所組成，而不自由的粒子不可能造出自由的性質。於是，科學家們尋找證據，看看能否證明自由意志只是一種假象。

大腦活動的實驗與解讀

當代科學家利貝特（Benjamin Libet, 1916-2007）設計了一些實驗，企圖否定自由意志的存在。首先讓受試者決定做一件簡單的事情，例如讓手腕彎曲。每當受試者決定要做這個動作的時候，請他記錄下決定的時間。同時，透過某些安裝在受試者大腦的儀器，實驗人員可以觀察受試者的大腦活動。實驗發現，每當受試者下決定之前的大約三分之一秒，大腦就出現了類似下決定的大量神經細胞活動。也就是說，在受試者以為自己下決定之前，大腦就已經做了決定。因此，「下決定」不過是一個假象，自由意志實際上只是一種錯覺罷了。

這個實驗對自由意志的存在，提出了相當程度的質疑，但實驗本身仍存在有許多爭議。例如，對大腦出現大量神經細胞活動的解讀是「大腦已經做出決定」，這點其實很難證實，或許有可能是整個決定的一個部分。另外，三分之一秒的差距太小了，人們對下決定時的反應（先下決定後再去把時間按停）是否會因為延遲了三分之一秒而導致這種實驗結果呢？雖然後來的實驗不斷改善，陸陸續續也有新的成果，但目前仍舊是一個未解的難題。若想達到真正對自由意志的否定，還有很長的路要走。

然而，無論自由意志是否存在，其實都是一件重大的事情。如果自由意志真的不存在，我們就沒有什麼好理由去譴責罪犯，因為他們自己並沒有「真正做決定」去犯罪。他們會犯罪完全是命中注定的，因此在道德上，我們不應該將他們監禁起來。其實把他們關起來也沒關係，因為既然自由意志不存在，我們也沒有任何自由選擇權，這表示將他們監禁起來，也是命中注定會發生的。

於是，所有該與不該的問題都不用思考了。這麼一來，我們的整個人生與社會態度是否會有巨變？無論是或否都是命中注定的，那也不用再費神了。這樣的結果，將導向一種非常消極的生活態度，不管是否命該如此。

如果自由意志不是錯覺，有兩種可能性，第一，唯物論是錯的。這個世界至少有自由意志這種不屬於物質的東西存在，而自由意志是心靈的屬性之一，我們就更有理由主張，心靈並不是由物質所構成的。

第二，如果我們堅信唯物論，目前對物質的瞭解就是錯的。自由意志的存在，表示至少有「自由」的物質存在。也就是說，世界上有某種不是依據固定定律（也非固定機率）在運作的物質，而且它具有某種程度的自由。如果這個世界的本來面貌真是如此，世界將會比我們現在所認為的，更為生動有趣的多了。

44 我們能造出人工心靈嗎？

如果有一天，你生氣搥了一下電腦，結果電腦喊說：「好痛！」這時，你會有什麼反應呢？你可能會覺得好笑，認為這是一個有趣的惡作劇程式；或者，你會感到驚訝，怎麼電腦也會喊痛。不過，就算電腦真的喊痛，大概很少人真的相信，電腦也是會痛的。最簡單的一個理由是，電腦又不是一個生命體，怎麼可能會有感覺呢？

這個主張電腦不會痛的理由並不好。雖然在我們目前的觀察中，只有生命體可能會有感覺。但事實上，我們對心靈本質的瞭解非常的少，也沒有什麼好理由主張生命是心靈的必要條件。而且，為什麼我們認為只有生命體才有感覺呢？或許是因為只有生命體才能表達出其內在的感覺。如果一顆石頭也有感覺，我們可能永遠不會知道。

電腦程式的心靈

在探討心靈本質的各種理論中，有一種稱為「功能論」的觀點，主張心靈就像是一個電腦程式一般，只要擁有相同的程式，就會有相同的心靈。那麼，只要有能夠讓這個心靈程式運作的裝置，無論是人腦還是電腦，都能展現出一樣的心靈狀態。從這個角度來說，電腦當然可能有心靈，而且會有和我們完全一樣的心靈。

這個功能論的主張有個非常好的論證支持。從唯物論的角度來看，人類的心靈現象主要是由大腦所製造出來，而大腦的運作方式可以轉化成一種計算模式，也就是可以用電腦程式的方法，把整個計算模式表達出來。依據計算理論，「所有可計算的都是電腦程式能夠完成的。」只要找出所有大腦運作的計算過程，就能夠用電腦程式表達出來，也就會產生所有類型的心靈現象。從這角度來說，只要對大腦瞭解夠透徹，未來電腦將具備和人類完全一樣的心靈。

然而，當代哲學家瑟爾卻有不同的看法。他認為，無論如何，電腦都不可能具備有心靈。他的論證如下：

(1) 電腦程式完全是語法結構。
(2) 心靈是有語意的。
(3) 語法不是語意，而且也不足以構成語意。

（4）所以，電腦程式不可能有心靈。

在這個論證中，「語法」指的是語句之間的規則，而「語意」指的則是語句所表達的含意。由於電腦程式是一大堆規則組合出來的東西，在語句規則的掌握上毫無問題，但當電腦程式操作這些語句時，沒有一個相對的含意在其中運作。就像我們在說話時，並不是只有把語句說出來而已，在大腦裡還有著相對這些語句的「某些想像」同時在運作。這些想像才是構成心靈的重點，語言本身則不是。因此，既然語意是構成心靈的必要條件，缺乏語意的電腦當然就不會具有心靈了。

碳水化合物與矽晶片的不同

這個論證點出了當今電腦程式發展人工智慧或是人工心靈的困境。以下面的簡單電腦程式為例：

Input「x」；

If x:=「你好嗎？」，then print「謝謝！我很好。」；

依據這個程式，如果我們跟電腦說：「你好嗎？」電腦就會回答我們：「謝謝！我很好。」表面看起來，電腦好像有個心靈在跟我們對話，但是再想一下電腦是否知道自己在說什麼？答案很明顯的是，「當然不知道」。這種模擬自然語言的程式寫法，直覺上的確難以產生任何語意，這類程式寫法可以讓人直接使用日常語言符號作為程式推理指令的基本單位，在這個情況下，我們很明顯的可以看出，當該電腦程式在執行「謝謝！我很好」時，電腦對這些符號並沒有任何像人類一樣的理解。簡單的說，這些被程式語言操作的自然語言符號的語意，並沒有被電腦處理。在這種情況下，即使電腦表面上看起來像是有心靈的樣子，實際上只是單純在做一些符號的運作而已。

當然，瑟爾若想從這樣的困境，得出「電腦程式無論如何都無法產生心靈」，那還言之過早。他只能說，「把日常語言直接當作計算的符號，而無相對應語意的電腦程式寫法，是不具有心靈的。」這個主張應該比較沒有爭議。雖然目前大多人工智慧程式的確也是這樣寫的，但電腦程式不一定非這樣寫不可啊！

舉例來說，只要我們是唯物論者，相信心靈現象由大腦所製造產生，而每一個神經細胞的運作也是不包含語意的（我們無法想像語意如何出現在單一神經細胞運作當中），但一大群神經細胞的運作卻能產生語意。我們還不清楚這些語意是怎麼冒出來的，只要有一天知道了，我們便可以用電腦程式模擬每一個神經細胞的運作，那是不是就可以解決這個問題了呢？

在這個爭議中，瑟爾仍然不同意。雖然他認同心靈由大腦所造成，但他認為，「由於碳水化合物與矽晶片材質的不同，真正的大腦和電腦程式模擬的大腦還是有所不同的。」的確，它們是不同的，但是這個不同點對產生心靈是否有差別呢？

到了這個問題點，我們便難以再探究下去，因為這需要對心靈與大腦的關係有更進一步掌握之後，才能更深入討論。也就是說，這裡需要更多的科學研究成果，才能再進行更有意義的哲學思考。

電腦能模擬量子活動嗎？

另一個反對電腦可以產生心靈的人，是當代科學家潘若斯（Roger Penrose, 1931-）。他認為，大腦內部具有量子活動，而量子活動的計算模式是超過現代電腦所能模擬的範圍，因此，現代電腦無法真正具備像人類一般的心靈。

潘洛斯的這個想法其實也沒有什麼經驗根據，因為我們無法觀察大腦內部的量子活動與心靈的關係，只不過，在現代大家認同唯物論，而電腦科學又一直無法製造出有心靈電腦的情況下，這樣的主張就容易引起重視。至少，這是一個很合理的推測。然而，如果潘洛斯是對的，他只是主張，現今的電腦無法產生人類心靈，但只要科技更發達，能夠製造出量子電腦，就可以製造出有心靈的電腦了。也就是說，從潘若斯的角度來看，並沒有否定人工心靈仍然是可以做出來的這項假設。

除了上面提到的問題之外，我們還會遇到另一個問題，假設有人做出了一部號稱有心靈的電腦，我們如何判斷其真的有心靈，還是只是一個有心靈的假象？這牽涉到另一個哲學上的重要問題，稱為「他心問題」（the problem of other minds）。問題核心在於，無論是不是電腦，我們甚至很難肯定「別人」是不是真的有心靈。此問題將在知識論的篇章中討論。

45 不同的世界觀，看見不同的世界

「世界觀」這個詞在前面已經出現很多次了，意思就是「看世界的觀點」。每一個人都有看世界的觀點，而且隨著接收資訊與知識的增長，看世界的觀點會不斷改變。這些觀點在經年累月的累積之後，往往會產生許多難以解釋甚至互相矛盾的想法，由於大多數人很少去思考自己的世界觀為何，因此很少人會發現自己的世界觀原來存在著矛盾。如果我們相信正確的世界觀絕不會有矛盾的情況發生，那麼，多數人所擁有的（矛盾的）世界觀就一定是錯的了。

舉例來說，多數人的世界觀中相信自由意志的存在，也同時相信當今科學對世界的描述，然而如前面討論過的，當今科學的世界觀容不下自由意志這種東西，這就會導致衝突與矛盾。除非有特別的方法可以融合兩者，否則這樣的世界觀就是錯誤的。當我們使用錯誤的世界觀思考人生時，也就不用有多大的期待了。

不斷提出問題，不斷尋找答案

實在論、現象論、唯心論、唯物論、心物二元論、有自由意志，或是沒有自由意志，這些都是不同的世界觀，有些可以互相融合，有些不行。除了這些之外，還有很多各種不同看世界的觀點。目前並不清楚哪一個世界觀才是正確的，依據科學研究而形成的世界觀或許最有可信度，不過這樣的世界觀除了在許多地方仍充滿爭議之外，也還有不少問題完全無解。

舉例來說，當代量子力學發現，作為基本物質的微小粒子有許多奇特的性質，例如它們表現出隨機的現象。這個隨機現象在機率上或許有可預測性，但針對個別粒子的行為卻變得無法掌握。簡單的說，這些微小粒子無法藉由其初始條件來預測它的未來，這跟我們原本對物質的觀點很不一樣。在原本對物質的世界觀中，任何物體只要有相同的初始條件，就應該會有相同的運作結果，因為所有物體依據一定的定律在運作。我們可以想像這個世界的各種規律，以及所有物質依據這些規律在運作，形成一個完整的宇宙圖像。在這個想像中，如果我們也是唯物論者，在宇宙開始的大爆炸那一刻起，所有未來的一切（包括我現在寫的這些字）都已經被決定了。這樣的觀點也稱為「決定論」或是「命定論」的世界觀。

然而，這些微小粒子的行為卻告訴我們其實不是這麼一回事。有些東西的變化是要依賴機率的，好像有個骰子在每一個粒子的內部，決定要往哪個方向走。針對這種奇特現象，我們會想問，為什麼微小粒子有這種屬性呢？究竟是怎樣的一股力量導致這樣的現象？科學目前完全無法回答這個問題，也完全無法預測是否有可能在未來的某一天，能夠解答這個問題。因為，我們也完全無法想像粒子為什麼會有這種行為，除非我們做一個「泛心論」（panpsychism）或是「泛靈論」（animism）的主張，認為一切物體都具有某種程度的心靈、意識甚至靈魂，而且再主張它們都具有某種程度的自由意志。依據這樣的世界觀，我們就能說明這種粒子的行為，順便解開了自由意志之謎。但是，這樣的假設會讓科學無法走下去，因為我們根本無法用科學方法去證明這究竟是對或是錯。這樣的假設也與奧坎剃刀原則背道而馳。最重要的，這樣的假設並沒有真正解決任何問題，只是把問題往後拖延而已，因為我們還是需要追問，這種「靈」究竟是什麼東西？

當然，如果喜歡泛心論或是泛靈論，我們可以建立自己的世界觀，當作是個人觀點。但在科學研究上，我們還是繼續尋找其他線索，或是尋找是否有可能去證實或是否證泛心論與泛靈論的可能性。否則，只好等待偉大思想家的蒞臨，協助人類解開這個難解之謎。

沒有違背經驗證據，沒有內部矛盾

其他不同的世界觀還有很多，各種宗教都有其對世界的不同觀點，例如，佛教的中觀思想認為一切皆空；唯識思想則認為萬事萬物都是由內心深處一個叫做「阿賴耶識」的種子意識所生成。近年來很流行的「新時代觀點」也有一些很特別的想法，像是「吸引力法則」主張，只要內心所想，就會導引一股力量去實現它。這個主張的理由是，由於我們所遇見的任何事物，都是人心在提升靈性上有所需求才會形成。亦即，我們的成長需求創造了所遇見的世界與未來。既然如此，只要掌握了人心與遇見事物的相對應法則，便可以藉由改變內心去創造（或改變）我們所遇見的任何事物。例如，某些災難是為了某種成長而被創造出來，只要我們提早成長了，就能避免那個災難。

吸引力法則作為一種積極的人生觀或許還滿有用的，因為這樣的觀點帶給人們無窮的希望。但是，從追求真理的角度來看，卻缺乏客觀實證的基礎。因為如果使用吸引力法則失敗了，相信的人便會將之解釋成時機尚未成熟，或是用法不對。就算成功了，不相信的人也可以解釋成是一種巧合。除非有大量的人一同進行吸引力法則，而成功機率大於本來該有的機率，那其可信度就會提高。但似乎沒有這種成功的實驗出現。當然，相信者會說，吸引力法則無法用來實驗，因為在實驗中，人們並沒有真正渴望的心態。所以，類似這種信念，我們很難從客觀角度評量其可信度。

在各種世界觀中，目前最合理的是由科學理論所提供的圖像。一個世界觀愈能依據科學研究，其說服力愈高。雖然現代科學已經提供了許多研究成果，但是目前完全無法評估其距離最後的真相還有多遠，甚至也無法評估目前所知是否就是真相。只要我們對現有的任何觀點產生懷疑，就可以思考其他可能性。例如，科學研究最依賴的因果律真的存在嗎？如果因果律實際上並不存在，我們該如何理解這個世界呢？

由於現階段沒有最終的解答，一個世界觀只要沒有明顯違背任何經驗證據，只要理論內部本身沒有矛盾，它就可以成為一個具有可能性的候選員。因為，針對整個世界究竟真相為何的問題，目前人類並沒有答案。

第 5 篇

知識論：如何才能確認我的知識是對的？

的
信念
理的
條件
事實型知識
實踐型知識
自我知識
種類
知識
一個敘述是否合理，
由所有其他信念來決定
懷疑論
別人有心靈嗎？
我看到的和別人相同嗎？
「我」存在嗎？
因果律存在嗎？
歸納法值得信賴嗎？

真理符應說
的界定
一個敘述為真，
表示此敘述正確對應
於外在事實
真理融貫說
的界定
一個敘述為真，
表示此敘述和信念網中
所有其他信念互相融貫
基礎論
的界定
一個敘述是否合理，
要看是否被
基礎信念所支持
理性主義的界定
基礎信念是
天生具備的
康德的界定
基礎信念是人
天生的認知形式
經驗主義的界定
基礎信念是
後天經驗學習的

46 何謂知識？

當今這個時代，人類累積的知識量已經大到不可思議的地步，無論是對世界各種現象的瞭解、理論，或是各種技術、文學、歷史、藝術、想像故事、人物傳記等等，已經多到就算花上一百個人生，也吸收不完的程度。幸好，我們不需要吸收所有的東西，只要針對自己需要的、感興趣的再去學習就好。當我們學會了該具備的知識後，就開始運用它們，繼續推理、研究，獲得新知，或是將這些知識作為思考人生的基礎，在迷惘時該怎麼做，遇到人生叉路時該怎麼抉擇。

可能會錯的理論才有知識價值

在人生這條路上，我們常常做了錯誤的選擇，或是導致不盡理想的結果。通常，我們會認為，這是因為自己的知識不足，只要再多點認識，我們就可以活得更多彩多姿。但是有時也會發現，原來問題出在知識本身，讓我們做了錯誤的決定。即使是科學知識也不斷在修正中，今天說吃這個有益，明天可能就說吃這個不好，反之亦然。沒有科學家敢保證，任何一個科學理論在未來不會被證明是錯的。反過來說，如果一個理論具有絕對不可能在未來被證明是錯的這種特質，那麼這個理論就絕不會是科學理論。這是二十世紀哲學家波柏（Karl Popper, 1902-1994）所提出的「可否證性原則」。只有那些自圓其說而不用受到新證據挑戰的理論（或是根本永遠無法驗證的理論），有可能具有永遠不會錯的特質，而這樣的理論屬於循環定義下的產物，其本身是沒有什麼知識價值的。

補充說明 可否證性原則

一般認為，能被實驗證明為真的理論才是科學理論。但哲學家波柏認為這樣的定義不好。主要理由是：嚴格來說，「證明」這件事情在科學理論上是根本無法做到的。因為，科學理論不會像是數學一般針對抽象觀念做證明，也不會只針對單一事件（例如某隻烏鴉是黑的），而是針對整個運作規律（例如所有烏鴉是黑的）來實證。但只要牽涉到全稱的敘述（所有……是……），我們就無法真正做到證明的地步。因為這永遠無法排除出現反例的可能性，只要一出現反例，不管過去曾有過多少支持的個案，理論都不能成立。

反過來說，科學理論具備「可以想像其是錯的」這樣的特質，或說「具有可以想像在什麼情況下會被否證」的特質。例如，針對「所有烏鴉是黑的」這個敘述，它可以是一個科學理論，因為我們可以想像，在什麼情況下它可以被否證。只要找到一隻「非黑色的烏鴉」，這個理論就被否證了。而「白色的花是白色的」，這樣的理論就不具有可否證性，因為我們無法想像有什麼證據可以否定這樣的主張，所以依據可否證性原則，這就不能算是一個科學理論。我們可以思考看看，近年來很流行的「吸引力法則」在什麼樣的情況下會被證明是錯的呢？如果沒有這種情況，它就無法被列為科學理論的一環了。

也就是說，任何一個有知識價值的理論都可能會錯。而我們在生命中做抉擇並且企圖尋找生命意義所依賴的各種知識，都可能是錯的。那麼，我們如何安心的思考？這樣的思考有什麼意義？似乎是說，藉由這些不確定知識思考人生意義時，我們還必須賭一賭，如果碰巧這些依據是對的，我們或許可以思考出最好的生命意義，並且好好去實踐它；萬一碰巧是錯的，那只好自認倒楣了。

對於知識的反思

然而，如果生命真的有意義，人們怎麼會被丟在這樣的困局中呢？這不是很荒謬嗎？如果這麼想，我們將再度落入虛無主義之中。然而，我們也可以試著對知識本身做個整體的反思：知識究竟是什麼？到底我們能夠依賴怎樣的知識？以及能依賴到什麼程度？在哲學上，這整個對知識本身的反思，稱之為知識論（epistemology）。

「知識」這個詞彙在日常生活中經常使用，我們也都知道它的意思，而且運用自如。一旦有人提出這個問題，「何謂知識？」我們的思路就會突然卡住，難以回答。這種現象和「哲學是什麼」的問題類似，我們賴以掌握某個詞彙的理解並沒有辦法簡單的用語言來描述，在這種情況下就會有思路卡到的情況發生，想要說清楚也沒辦法。

在哲學上最容易產生這種現象，因為哲學會去問一些平時大家比較容易忽略的問題，而這些問題大都很難用語言描述。例如，「何謂心靈」以及「何謂時間」，除非有科學理論已經對它們下定義，否則依據日常生活的瞭解，我們根本無法講清楚。

當我們企圖去定義、分析這些詞彙，雖然最大的可能性是仍舊無法完全定義清楚，但是這有助於我們更徹底的去瞭解這個東西。就像我們嘗試去定義哲學之後，雖然不必然可以把「哲學是什麼」的問題講清楚，但對於企圖想要瞭解哲學的人來說，還是有幫助的。

西方主要的傳統哲學方法之一，就是當我們在談論一個東西時，先把這個詞彙的意思分析清楚。那麼，當我們談到知識時，究竟在談些什麼？

認知主體所知道的東西

首先，可以看出「知識」（knowledge）和「知道」（know）是息息相關的。我們可以說，「知識就是被一個認知主體所知道的東西」。從這個角度來看，知識的存在預設了一個認知主體，沒有認知主體就不會有知識。

雖然，有哲學家主張，知識是可以客觀存在的。例如，波柏就認為，如果所有認知主體都消失在宇宙之中，一本存在於圖書館的幾何學理論的著作也可以算是知識。我想這樣的說法也沒什麼不對，但是我們仍然可以說，必須有認知主體的存在，或者再出現時，這些客觀知識才能成為活的、可以運作的知識。或者，我們也可以籠統的說，認知主體的存在才能使那些知識成為有存在意義的東西。那麼，至少我們還是肯定知識與認知主體的重要關連性。

如果我們接受了認知主體與知識的強烈關連，就可以放心把「知識」和「知道」先拉在一起。當我們說「我有某個知識」的時候，同時就是說「我知道某個東西」。

但是，這些詞彙在日常生活的使用上仍有著歧義（有不同的意思）。例如，當我們說，「你真是沒知識」，這句話其實不是表示一個人真的什麼都不知道，而只是說某個人在某些方面知道的很少，這是在語言使用不精確的日常生活中的不同用法。又例如，有時候某些學生喜歡學蘇格拉底的名言說：「我什麼都不知道。」因為什麼都不知道，所以就不用寫期末報告了。遇到這種說詞，我會問：「那你知道你叫什麼名字嗎？」當然，這時「知道」這個詞彙又被用在不同的意義上了。蘇格拉底所說的「我什麼都不知道」，指的是某種特定類型的知識，像是關於「何謂正義」之類的，而不是針對所有我們能夠用「我知道」來敘述的東西。

當我們要談論「知識」或是「知道」時，必須先弄清楚在談的是哪一種東西，這個部分先釐清了，才能進一步去分析所要討論的知識。在一般知識論的討論上，除非特別聲明，我們討論的知識範圍有兩種界定，一種是所有一切我們知道的東西。這是最廣義的知識定義，其包含了各種技能型知識以及難以說出來的內在體驗。另一種是所有一切我們可以用語言表達的東西。因為西方哲學重視語言的論證，所以特別重視這種知識。首先，來看看西方古希臘哲學家柏拉圖對知識的定義。

47 柏拉圖對知識的定義

在哲學史上，柏拉圖對「知識」提出一個值得思考的定義。他認為，「知識就是合理的真信念。」英文翻譯是Knowledge is justified, true beliefs。這個定義等於把知識分解成三個主要元素，分別是合理的（justified）、真的（true）以及信念（beliefs）。如果這樣的分解是恰當的，對於分析「知識」本身將會有很大的幫助，因為我們可以藉由分析其組成部分，對知識做更深入的瞭解。首先我們來討論「真的」這個元素。

知識的基本元素之一：真的

這是說，知識必須是事實。錯誤的想法或敘述不能稱之為知識。舉例來說，如果一個人學會了許多旁門左道的扭曲觀念，大多數的想法都不是事實，我們會說他是個很有知識的人嗎？基本上不會。假設某個人認為「台北在基隆的北邊」（實際上在南邊），我們是否會說：「這個人具有『台北在基隆北邊』的知識」，或是「這個人知道台北在基隆北邊」呢？如果這樣去使用「知識」這個詞彙，會讓人感到很怪異。這表示當我們使用「知識」時，通常也認為所說的事情是正確的。

當然，我們常常無法確認事情是否是正確的，但至少，在使用這個詞彙的當下，我們認為該敘述是事實。所以，「知識」應該具備「真的」或至少「視為真的」這個要素。我們便可以藉由判斷在什麼情況下，一個敘述會被判斷是真的，以及思考「真的」的更客觀意義，來深入分析知識的形成。這的確也是知識論的重要問題之一。

補充說明　「真」的定義

關於怎樣定義「真」（truth），在哲學上主要有兩種理論。最一般的叫做真理的符應說（correspondence theory of truth），主張「一個敘述為真，表示其符合客觀事實」。這個定義也是一般日常生活中使用的定義。

但此定義有個缺點，舉例來說，「三角形的內角和等於一百八十度」，這是否符合客觀事實呢？在柏拉圖的理型界或許符合客觀事實，但在我們這個不完美的世界裡，是否真有一個三角形的內角和剛好是一百八十度呢？另外，這個定義還必須預設實在論，主張這個世界真實存在才行，否則哪有什麼客觀事實可以來符應呢？所以哲學家們發展出另一個定義：真理的融貫說（coherence theory of truth），主張「一個敘述為真，表示這個敘述與整個知識網相融貫」。意思是說，當我們主張某個敘述為真時，表示這個敘述和我們原本有的其他知識互相融合，不會有任何衝突。

這樣的定義就可以解決上面提到的符應說的缺點，但其本身也有其他問題，例如，針對不同人的不同知識系統，敘述融貫而為真，不融貫則為假。這使得真與假失去客觀性，這和我們平時對真假的認知是不同的。

然而，有時我們會說：「某個人的知識是錯誤的。」這是否表示我們認同知識也可以是錯誤的呢？我想，可以把這個說法當作日常語言的不精確性所導致的問題。例如，我們也可以說：「這個人的某個知識是錯的，所以那個知識不是真正的知識。」這樣重新解讀，感覺上也沒有問題。所以，當我們說某個人的知識是錯的時，並非我們認同「知識有錯誤類型」，而只是一般較隨意的說法，或是針對某人自以為自己所知道的是正確的，但實際上是錯誤的。如此一來，還是可以認同，「真的」的確是知識的組成元素之一。

知識的基本元素之二：信念

這個知識的組成元素主張，知識必須是個信念。簡單的說，如果某人具備有某個知識，至少這個人必須相信這個知識。例如，當我說：「我知道植物沒有靈魂。」那就表示我同時也相信這個說法。我們很難想像有人會說：「雖然我知道植物沒有靈魂，但我相信植物有靈魂。」這樣的說法很怪，如果真有人這樣說，我們會傾向於把這樣的句子理解成：「雖然我知道科學主張植物沒有靈魂，但我認為植物有靈魂。」這樣會比較合理。從這個角度上來看，知識應該是包含相信的。

有人可能會舉出反例，「我知道演化論，但我根本不相信演化論。」這個句子看起來很合理，應該也有許多人有這樣的想法，這是否表示知識（或知道）可以不包含相信呢？其實，這句話的真正意思應該是：「我知道演化論這個理論在說什麼，但我不相信裡面說的東西。」從這樣的重新表達可以發現，這句話中知道的東西和不相信的東西其實是不一樣的。例如，如果某人暗示說：「我家裡的一個杯子是孔子曾經用來喝酒的。」如果我知道他的暗示，但又不相信，我或許會說：「我知道你在說些什麼，但我根本不相信它。」知道他想表達什麼，但不相信其所表達的內容。這種情況不違背信念作為知識的一個必要元素。除非說詞改成「我知道人從猴子演化來的，但我不相信人從猴子演化來的。」一旦改成這樣後，就會讓我們覺得在這種情況使用「知道」一詞是很奇怪的。

從這些例子來看，將信念當作知識的一個重要、甚至必要元素，應該是沒什麼問題的。我們可以藉由對「信念」來源的更深入分析，來瞭解知識本身。

知識的基本元素之三：合理的

這個知識的元素（相對應英文的 justified）大多翻譯成「證成」。由於「證成」這個中文詞是新創立的，一般來說，第一次看到它的人大都不清楚這是什麼意思，而且容易誤以為是「經過證明而成立」。其實，要更精確一點翻譯這個英文字 justified 的話，可以說是「有不錯的理由支持，以致於令人感到信服」。如果翻譯成「證成」，容易被誤解成以為有一個證明的過程，但實際上我們對知識並沒有這麼強的要求。例如，我具有「蘇格拉底是柏拉圖的老師」這樣的知識，但是我並沒有去證明這件事情。只是有很不錯的理由讓我相信它是事實，像是在教科書上看到這樣寫，由於我對教科書的信賴，這個理由讓我對這個知識感到很有說服力，因此這個知識對我來說是「證成的」或是「合理的」。雖然，我覺得用「證成」這個翻譯並不適當，容易有誤解，但用「合理的」這個詞也不是很貼切，感覺上稍微弱了點，不過這還是比容易被誤解的「證成」較為接近原意一些。

這個知識的要素主張，當某人有某個知識時，他會有合理的（或證成的）理由來支持這個知識。如果沒有合理的理由，即使他學了這個敘述語句，我們也傾向於不認同此人具備這個知識。舉例來說，如果一個小學生偶然間在地上撿到一張紙，紙上寫著一句話，「地球繞太陽轉」，然後他就相信了。這種情況下，我們是否可以說，這個小學生具有地球繞太陽轉的知識，或者這個小學生真的知道地球繞太陽轉？在這種情況下使用「知識」或是「知道」，會讓我們覺得怪怪的。知道一件事情，總是需要有一個不錯的理由來支持它吧！在完全沒有理由的情況下，我們傾向於不認為這個人具有這樣的知識。也就是說，我們不認為盲目的信仰可以算是一種知識。例如，當一個人在沒有任何理由的情況下相信神存在，即使神真的存在，我們也不會認為他具有「神存在」這個知識（或認為他真的知道神存在），而只會認為他具有神存在這個信念或是信仰。

我們又找到一個知識的元素，當我們對「合理性」的形成與變化有更多瞭解時，也會對知識有更深入的想法。

補充說明　葛第爾反例

針對柏拉圖提出的知識三要素的解讀，當我們只把這三個要素當作知識的重要特質時，幾乎沒有什麼爭議。但如果把它們當作是三個必要條件，或許會有一點小爭議。因為還是可以找到在某些特殊情況，它們似乎也不是這麼必要。另一種解讀是，這三個要素加起來構成知識的充分條件。也就是說，只要有某個敘述具備這三個要素，就一定是知識。這個主張可以表達如下：

當S這個人知道P這件事時，若且唯若，

(1) P為真。
(2) S相信P。
(3) S有合理的理由相信P。

針對這個解讀，哲學家葛第爾（Edmund Gettier, 1927-）提出反對意見，認為即使符合三個條件也不足以構成知識。例如，約翰（S）剛剛聽到雨聲，而且瑪麗跟約翰說下雨了，這些理由足以讓約翰合理的相信現在外面在下雨（P）。約翰也的確相信了，這符合第二與第三個條件。假設現在外面真的在下雨，這就使第一個條件也符合了。但是問題來了，約翰聽到的雨聲是用CD播放出來的自然音樂，而不知道外面真的在下雨的瑪麗，故意播放音樂想要騙約翰，還跟約翰說外面在下雨。在這種情況下，我們會認為其實約翰並不是真的知道外面在下雨。所以，葛第爾成功的主張：柏拉圖所提出的知識三要素無法構成知識的充分條件。

針對葛第爾的反例，許多哲學家嘗試提出知識的第四個條件，甚至第五個條件，希望能達成尋找知識的充分且必要條件的目的，但基本上都算是失敗的。主要原因很可能只是，「知識」這種自然發展出來的語言，不適合用充分且必要條件的方式來定義，就像我們也很難定義清楚「哲學」、「心靈」與「時間」一樣。

48 知識的種類（一）：事實型知識與實踐型知識

「知識」這個詞彙通常指的是我們對這個世界的各種認識，尤其關於世界存在事物的各種真相，像是「水是由氫和氧所組成」、「地球繞太陽轉」，或是「加拿大在美國的北邊」。本書第一篇提到的「哲學無法讓你增加知識」，指的就是這類型的知識。然而，如果把關於歷史上的各種記載也算到知識的一環，像是「柏拉圖是亞里斯多德的老師」、「孔子主張仁政」、「笛卡兒說我思故我在」，從這個角度談知識，讀哲學也可以獲得許多知識。這是由「知識」這個詞彙的不同定義所產生出來的不同說法。由於不同類別的知識，需要有不同的考量，所以在討論各種知識之前，我們應該先做一個分類。

除了上面談到的關於世界的知識以及關於歷史記載的知識的分類之外，哲學上最常討論的知識分類是「事實型知識」（factual knowledge）與「實踐型知識」（practical knowledge）。另外，當代中國哲學家杜維民（1940-）主張，談中國哲學就必須談「自我知識」（self-knowledge），他認為自我知識不同於前面兩種知識。依據這樣的觀點，我們依序針對這三種知識來討論。

區分「知道什麼」與「知道如何」

首先，事實型知識指的是對於各種用來描述事實真相的知識。就像前面談到的各種知識，無論是關於世界的真相、歷史的真相都算是事實型知識。這種知識的最大特色是「比較容易用語句來表達」。我們可以透過語言學會這些知識，而學會之後也可以透過語言表達出來。所以，這類知識也稱為「語句型知識」。由於我們習慣用語言來把握知識，而這類語句型知識屬於容易把握與思考的知識型態，因此也稱之為「顯明的知識」（explicit knowledge）。

相對於事實型知識，另一種型態的知識是實踐型知識。實踐型知識通常屬於技能型的知識，像是知道如何騎腳踏車、如何游泳的知識型態。我們必須透過某些實踐後逐漸掌握到這類的知識。這種知識的主要特點之一是很難用語言表達，我們無法透過語言的傳達學會這類知識。就算是騎腳踏車高手，也很難把這種關於如何騎腳踏車的知識，透過語言告訴別人。因此，我們也可以稱這種知識為「非語言型知識」，相對於事實型知識屬於顯明的知識，實踐型知識則稱之為「隱晦的知識」（implicit knowledge），意思其實也就是難以用語言來把握與思考。

這個知識的分類由當代哲學家萊爾（Gilbert Ryle, 1900-1976）提出來，他使用「知道什麼」

（know-that）與「知道如何」（know-how）來區分它們。這個區別對於釐清許多問題有很大的幫助。例如，本書在剛開始的時候談到，對哲學感興趣的人通常會想問「哲學是什麼」，卻很難得到滿意的答案，沒有一個定義能夠讓不懂哲學的人，很快知道哲學是什麼。這常常讓人感到十分困擾，甚至開始對哲學產生厭惡之心。這是怎麼一回事呢？

透過這個知識的分類，答案就一目了然了。因為關於「什麼是哲學」的問題，答案牽連到「實踐型知識」。這樣的知識必須透過哲學思考的實踐過程去逐漸體會，而這樣的東西很難用語言傳達。如果不親自去學哲學，以及做哲學思考，根本上難以瞭解何謂哲學。由於這種知識是屬於非語言性質的，就算是哲學大師也沒辦法用語言把它定義清楚。

確認知識型態，找到正確學習方法

在日常生活中，最常讓人搞錯知識型態，而形成錯誤學習方法的是對語言的學習。在學英文時，多數人都是去死背一堆單字，市面上也出現許多背單字花招的書籍。這種學英文的方法或許對某些類型的考試有幫助，但是就算單字背的再多，英文文章還是看不懂。其實學英文的重點並不在於背了多少單字，因為就算有字典在手，看見單字就查，每個字都知道相對的中文翻譯，但文章還是看不懂。為什麼會這樣呢？

這裡牽涉到一個非常重要的「實踐型知識」，閱讀本身實際上是一種需要透過實際練習才能學會的技能，必須透過不斷的閱讀去培養，無法透過記憶一些用語言描述的訣竅來學習。所以，即使老師很認真的教，學生很認真的聽，不會還是不會。就像看錄影帶學游泳，即使有名教練在旁解說游泳技巧，看得再多、聽得再多，只要不下水，就學不會。當然，這並不是說背單字沒有用，或是學習這些訣竅沒有用，而是說實際去用它，藉由閱讀獲取技能，才是整個學習過程中最重要的部分，其他只有輔助價值。

在探討人生意義的問題上，也常遇到類似的困境，語言似乎無法用來描述生命意義，無法用來說明真道。這是不是表示，這類知識屬於實踐型知識呢？從它們的共通點，我們可以這樣猜想。由於實踐型知識與技能相關，這種生命意義的知識會屬於哪一種技能？如何學習這種技能呢？是否是在體驗生命中領悟，還是在靜坐冥想中鍛鍊出不動心？或只是一種讓自己可以生活的更快活與更自在的技能？

除了事實與實踐這兩種知識類型之外，還有另一種也是不容易被語言表達的知識，稱之為自我知識。人生意義的解答有可能在這裡。

49 知識的種類（二）：自我知識

自我知識通常指的是個人對於自己心靈狀態的知識，例如，我知道痛的感覺是什麼，以及紅色的感官知覺是什麼。心靈的內在經驗能夠讓我們知道這些感官感覺，也唯有透過這些感覺經驗，我們才能獲得這種知識。

如人飲水冷暖自知

這樣的內在經驗屬於個人所有，雖然我們有理由相信，人類有著類似或甚至相同的內在經驗，但是我們無法證實這些內在經驗的確是一樣的。因為我們無法直接分享內在經驗，只有經驗者能在第一線上面對這些經驗，套句佛家的話，「如人飲水冷暖自知」。這種如人飲水的知識就稱為自我知識。

另一種常用「自我知識」的意義，是關於對自己了解的知識。例如，「我是一個善良的人」，或「我是一個誠實的人」，這樣的知識事實上也只有我一個人能確定，別人無法像我一樣直接針對我的內在經驗作觀察來認識我。雖然有時我們會去評價別人或是被別人評價，我們也不見得完全認識自己，但是自己真正是怎麼樣的人，只有自己能夠確定。這個意義下的自我知識並沒有脫離前面所談的自我知識，當我們談論自我知識時也同時包括這類知識。

在分類上，自我知識比較接近實踐型知識，因為自我知識通常需要實踐才能得之。例如，如果有人悟道了，或是發現「人有良知」了，這些都需要經歷一番實踐的過程才能知道。但是，自我知識卻未必難以說清楚，有時它可以以非常清楚明確的語言方式呈現，像是「我有良知」，這方面卻又類似於「事實型知識」。不過，對於缺乏良知體驗的人來講，也是無法瞭解的。相對於實踐型知識通常在於描述「技能」來說，自我知識通常跟技能比較無關，它針對內在自我的認識。所以，我們可以將自我知識另外歸於一個類別，或者也可以把它歸為實踐型知識的一種。這只是定義的問題。

東方與西方的觀點

基本上，自我知識在西方哲學精神上，是比較不受歡迎的知識類型，因為其不夠客觀。但是，有許多問題必須訴諸自我知識才能獲得更進一步的發展，像是信徒透過「與神對話」等神祕體驗來證實神的存在。人生意義的問題也是，當有人真的像是頓悟般瞭解了生命意義，旁人是無法分享所得的。即使他很熱誠說了一堆體悟，對其他人來說仍像鴨子聽雷，完全沒有幫助。但是，如果他作為一個人生導師，引導別人透過自我的修行，達成跟他類似的體悟，這可能會很有幫助。一個人自己摸索可以學會某個實踐型知識，如果有良師在旁協助，應該會學的更快、更好。

在東方哲學中，比較被重視的自我知識，屬於一般人看不見的、被蒙蔽的內在自我。學習過程就是要讓這樣的自我，在直觀的內省中重現。這通常需要歷經一番特別的實踐（修行），無論是道德實踐、靜坐冥想，或是不被外境干擾的不動心訓練。在實踐的過程中，逐漸衍生出一種前所未有的新體驗，藉由對新體驗的直觀把握，獲得新知識並且形成自我知識。

如果把這種需要透過特殊實踐來獲得的知識，當作整個哲學理論的核心，在西方會被歸類成「神祕主義」，而神祕主義通常比較接近宗教，許多西方哲學家就認為東方哲學實際上是一種宗教。雖然，的確有某些像是宗教的地方，例如，當內在自我重現之前，我們一定要先相信這種內在自我真的存在，也要相信指導者（師父）的觀點與方法是正確的。這樣的思考方法的確比較接近西方的宗教，而不是強調懷疑的西方哲學。其實，東方哲學的自我知識並非單純是一種信仰，信仰的用途只在於最初實踐的階段，而後必需透過「體證」（經由實踐去體驗與證實）來把握知識，所以歸類為宗教並不適當。

50 知識的合理性結構與笛卡兒的懷疑

知識的要素之一是合理性，也就是具有「讓我們在理智上感到有說服力」的特性。當我們聽別人說一段推理時，有時會覺得很合理、很有說服力，有時卻會認為根本就是胡說。通常在這種情況下，我們會用自己的感覺來做是非判斷。從另一個角度來看也會發現，同一段話對不同的人有時會導致不太一樣的說服力。即使都嘗試客觀思考，還是會有差異。也就是說，個人感覺可能不太準，這時怎麼辨呢？哲學家們開始思考，合理性的感覺是怎麼來的？為什麼一個主張會讓我們感到合理？是否有客觀的合理性源頭，建立起整個知識系統？

尋找基礎知識

舉例來說，媽媽告訴小孩說：「我們站在地球上，而地球是圓的，不是平的。」小孩可能會趴下來看看地面，然後說：「明明是平的啊！為什麼是圓的？」當小孩覺得媽媽說的不合理、沒有說服力時，會要求更進一步的說明。媽媽或許會說：「這是科學家發現的事實。」當媽媽這麼說的時候，表示她認為，第一句話的合理性與說服力可以由第二句話來提供。但小孩或許還不滿意，他不覺得有被說服，也不覺得這個理由夠好，於是再問：「為什麼科學家發現的就是對的？」媽媽可能會再嘗試說明：「因為科學用比較客觀的方法來觀察，並且從外太空可以看清楚整個地球的形狀，所以科學家是比較可以相信的。」媽媽用這段話來支持第二句話，使第二句話更為合理與有說服力。如果小孩被說服了，合理性的結構就形成，最後一段話支持第二句，而第二句話支持著第一句。

為了深入探討合理性的結構，我們可以再問，為什麼小孩會被最後一段話說服？理由應該是，在小孩的認知中，他已經具備某些知識，而這些知識可以提供最後一段話的合理性基礎，因此他會被說服。否則，他會再繼續問下去，直到和已經具備的知識合理性基礎銜接上為止（或是直到被斥責為止）。

從這個合理性的結構來看，可以嘗試思考幾個問題，第一，在我們的認知中，提供整個合理性與說服力的最基礎知識是什麼？這個問題也就是在問，如果我們一直追問其合理性，最後會到達什麼知識呢？第二，我們是什麼時候開始學會這些最基礎知識的？為什麼會認為這些知識有說服力呢？這些問題在哲學史上，從笛卡兒開始形成一段尋找「基礎知識」的思想史。

如果上帝扮演媽媽的角色，而每個哲學家都是發問的小孩，那麼我們可以說，歷史上最難搞，但最後還是被搞定了的小孩，大概就是笛卡兒了（上帝應該會很有成就感吧）。

作為一個嚴謹的思考者，哲學家笛卡兒對於「日常生活的知識經常出錯」這種情況，感到難以接受。人們經常性的看錯某些事物及其因果關係，也經常性的誤解他人的想法，甚至對政局、藝術等等有著分歧的意見。對於這個大家都習以為常的現象，笛卡兒感到疑惑，因此他問，為什麼會這樣呢？可以不要這樣嗎？

這個問題的解答其實不難想像，最可能的答案就是有許多錯誤的知識，混雜在我們的思考中。只要我們用到這些錯誤知識，就可能導致錯誤。根本解決問題的方法，就是把錯誤知識全挑出來丟棄。但問題是，我們很難區分哪些是錯誤的，以及哪些是正確的。面對這個困難，笛卡兒想到一個釜底抽薪之計。乾脆把一切可疑的知識先全部推翻捨棄，然後尋找一個絕對不會錯的知識基點，再以這個基點小心謹慎的重新建構整個新的知識體系。如此一來，就能夠將一切錯誤的知識排除在外，而剩下的知識就都是正確的了。從此以後，我們不用再擔心出現錯誤知識了。

有件事情不能被懷疑

這真是個偉大的理想。為了達成這個目標，笛卡兒用「懷疑」作為排除一切可疑知識的方法，只要任何一個知識可以被懷疑，它就有可能會錯，不能夠作為知識的基點，就暫時先將它丟棄。於是，笛卡兒開始尋找究竟有沒有什麼知識是不能被懷疑的。這個為了尋找不可被懷疑的知識而懷疑的方法，稱為「方法的懷疑」。這不是為了懷疑而懷疑，而是為了無法懷疑而使用的懷疑手段。

首先，笛卡兒認為感官知覺的知識是可以被懷疑的，因為我們發現感官知覺有時會出錯，例如錯覺或是幻覺之類的錯誤。由於感官知覺有可能出錯，當我們有了新的感官知覺時，必須假設它是有可能錯的。然而，我們是否能夠判斷這次新的感官知覺，絕對不同於過去發生錯誤的感官知覺呢？如果可以就無所謂，不用擔心錯誤；如果辦不到，就不能確認它絕對不會錯。如此一來，就不能確信任何感官知覺。笛卡兒認為，我們無法區分會錯的與不會錯的感官知覺，因此不能相信感官知覺。

其次，笛卡兒也認為所有數學、邏輯知識都值得懷疑，甚至這個世界是否存在也可以懷疑。我們可以想像一個惡魔侵入我們的思考，並欺騙我們。在這樣的想像中，幾乎所有一切都是可以被懷疑的。那麼，有什麼東西是不能被懷疑的呢？

有！笛卡兒發現有個無法被懷疑的東西，那就是「我正在懷疑」這件事情。或者更精確的說，「有一個懷疑的思考活動存在」是不能被懷疑的。也就是說，在懷疑的過程中，發現了一個不可被懷疑的東西就是懷疑本身，即一個思考主體的存在。這個思考主體指的純粹是一個思考活動，不必然包含一個身體，單純論及一個正在懷疑的那個東西。在日常生活中，我們沒有任何習慣用語來稱呼這個東西，第一次看到這個說詞時，會感到很怪異，好像無法捕捉到什麼，也不知該如何理解。就簡單先稱其為「思考主體」，習慣後就會覺得很自然了。

笛卡兒找到了一個不可被懷疑的知識基點，他企圖藉由這個基點重建新的知識體系。如果他能成功依照計畫重建知識體系的話，他的夢想或許會完成，不再有錯誤知識存在於我們的思考之中。然而，由於我們現在日常知識的情況並沒有什麼好轉，結果當然是失敗的。他究竟敗在哪裡呢？

笛卡兒開啟新的思潮

在找到知識基點之後，笛卡兒開始進行推理。我們（思考主體）既然會懷疑，表示我們不是完美的個體，但是這個不完美個體擁有完美的觀念。由於完美的觀念不可能由不完美的個體生產出來，因此我們可以發現，思考主體所擁有的完美觀念，一定來自於其他地方，來自於完美的事物。我們可以將這完美的事物稱之為神（因為也只有神可能是完美的，以及神的定義就是完美的），所以，我們可以確信：「神存在」。（這是笛卡兒企圖證明神存在所提出的一種本體論論證，也是從神的基本屬性來論證神的存在。）

笛卡兒繼續推理下去，既然完美的事物（神）存在，我們便可以確定之前的惡魔假設是不能成立的，因為一個完美的事物不可能容許這樣的惡魔欺騙人們，所以我們可以確信「這個世界真的存在」，而且數學邏輯都應該是正確的。之後，笛卡兒再將一切存在區分成思考主體（心靈）和外在世界（物質），進而研究它們的基本性質。例如，心靈的本質是「思考」，而物體的基本性質是「占有空間」。從此出發，繼續他的知識建構。

這裡很清楚可以看見，當笛卡兒找到知識基點（我在）之後，他的推理就開始輕率起來了，像是「會懷疑就不完美」、「不完美的個體無法想出完美的觀念」等等，雖然很合理，但都無法像知識基點一般具有不可被懷疑的特性。儘管笛卡兒在這個嘗試中算是失敗了，這個嘗試卻開啟了新的思潮。這個思考模式產生了一個典型的「基礎論」（foundationalism）立場，這個立場的知識論認為，「知識的建構必須先尋找基礎知識，或稱為基礎信念（basic beliefs），尤其是那種不會錯的基礎知識，再藉由這些基礎知識建構上層知識。」

笛卡兒雖然沒有成功，但開拓了一片新的思想大地，後繼的哲學家們可以更輕鬆的走進這塊稱為基礎論的思想新世界，繼續耕耘與收穫。

51 基礎論與理性主義

當我們聽到一個新想法，除非這個想法非常符合直覺，否則通常會經過一番思考才會接受。思考的過程就是在尋找支持這個新信念的理由。

知識革新帶來的轉變

當我們找到好的理由來相信這個想法時，就等於在信念間搭起一個「支持」的關係，而將新的信念納入我們的知識網路裡面。事實上，這種自然而然的思考習慣所建立起信念間的支持關係網，就類似基礎論所主張的知識結構。這些理所當然的信念稱之為「基礎信念」，而需要其他信念支持的信念則稱為「非基礎信念」。所有非基礎信念的合理性由其他非基礎信念或是基礎信念所提供；而基礎信念本身就具有合理性，不需有其他信念的支持。

那些在日常生活中被認為理所當然的信念，就成了整個信念網路的基層，而成為基礎論知識結構中的基礎信念，而由這些基礎信念所支持的其他信念則為整個知識結構的上層而為非基礎信念。這是人們天生在思考以及建立知識體系時的最原始方法，因此很自然的，如笛卡兒一般，當我們對已有的整個知識體系不滿意時，便會回到我們所認為的知識的出發點——基礎知識——去尋找解答。也就是說，我們過去可能過於輕率的將一些原本是錯誤的信念當作理所當然的，而讓一些錯誤的信念隱藏在基礎信念之中，導致許多錯誤的知識。因此，重建知識的最重要工作，自然就是深入基礎信念的區域，把錯誤的知識找出來丟棄，讓基礎知識的區域只剩下正確的信念。

這樣一個知識革新的想法是很自然的，也很有意義，並不會覺得是太難的工作。只要仔細去找，挑出錯誤的知識即可。但是在哲學史上，人們實際去執行這個任務之後，卻發現跟原本的預期很不一樣。原本只想剔除一些可能是極少數的害群之馬，最後卻幾乎斬草除根，走向一個令人意想不到的思維世界。讓我們來看看這段有趣的思想轉折。

問題焦點：基礎信念是否存在？

基礎論的基本主張是，「在我們的認知中，所有正確的信念之間有著合理性支持的關係，而這支持的關係所構成的結構像大廈一般，分為地基和上層結構，上層結構有很多層，不斷堆積上去。這座知識大廈的地基就是不需要其他信念支持的基礎信念，而上層結構則是需要其他信念支持的非基礎信念。」

整個基礎論問題的焦點在於，這樣的基礎信念是否存在？首先，我們可以分析出，基礎信念必須具備兩個特質。第一，基礎信念本身就已經是明顯合理為真，不需要其他信念的支持，即所謂自明的（self-justified）信念。它本身是合理的，不需要由其他信念提供合理性。第二，基礎信念可以用來支持其他正確的信念，而形成完整的知識網路。當目標明確之後，哲學家們就開始了尋找基礎信念的任務。

以笛卡兒為代表的理性主義（Rationalism）認為，基礎信念就是那些在我們認知中先天具備而且為真的信念，簡單稱之為「先驗知識」（a priori knowledge）。所謂「先驗知識」指的是無須依賴經驗也可以知道其為真的知識，就像笛卡兒光靠「我思故我在」的推理（不需依賴任何感官經驗）就找到了「我在」的知識一般。這種知識也可以說是在認知上先於經驗的知識。有人稱呼這樣的知識為先天知識，意指與生俱來的知識。其實兩者意思差不了多少，通常先於經驗的知識也應該是先天的，而且都是自明的。當我們看見它時，就自然而然覺得那是正確的，完全不需要其他信念的支持。

不過，稱呼其為與生俱來的知識會有比較多的麻煩。例如，笛卡兒認為矛盾律（P與非P

不能同時為真）是自明的，也是先於經驗的。我們或許不需要依賴什麼經驗也能知道矛盾律為真，但如果說它是先天的、與生俱來的，似乎是說，每一個剛出生的嬰兒都知道矛盾律為真，這就不可思議了。所以，不要將「先驗知識」當作是出生就有的知識，而是人們認知中，不需要依賴任何特定經驗，就必然可以獲得的知識，這樣會比較有說服力一些。

先驗知識與經驗知識

有哪些知識是先驗知識呢？基本上，理性主義主張數學、邏輯等知識都是先驗知識，而這些先驗知識組成了知識體系中穩固的基礎信念，可以用來支持其他知識。然而，我們可以發現，就算這些先驗知識是正確的，光靠先驗知識作為基礎知識是不夠的。由於我們日常生活中大多數的知識是經驗知識——也就是透過感官知覺獲得的知識，而理性主義認為經驗的知識是可能錯的，我們無法確定感官感覺何時會錯，因此永遠無法信賴從感官感覺獲得的知識，感官知識無法成為理想的基礎知識。既然在基礎知識的區域中沒有感官知識，其上層也不會莫名其妙的出現感官知識。在這種情況下，先驗知識便無法成為一個完整的基礎知識，因為其無法支撐整個知識體系的合理性結構。

另外，為什麼先驗知識就不會錯呢？以笛卡兒本身的懷疑來看，事實上他只找到一個「我正在懷疑」這件事情是不可懷疑的。既然如此，我們如何能夠信賴其他先驗知識呢？於是笛卡兒提出一個清晰明確的標準，只要其具備有「明顯為真」的特質就可以了。從現代認知科學的證據來看，即使有些信念「明顯為真」，而且還是先天所擁有，也可能是錯的。例如，有證據顯示嬰兒從小就具有「一個東西不會憑空消失」以及「這個世界是（長、寬、高）三次元的結構」這樣的信念，而當代物理學有證據顯示，這些信念都可能是錯的。一個粒子可以和其反粒子碰撞後憑空消失；依據相對論或是弦論，這個世界不是三次元的結構。如果我們暫時放棄這些「明顯為真」的知識，只保留一個「我正在懷疑」的信念，以其作為基礎信念又如何呢？這個單一信念沒什麼用處，因為即使我們真的完全不能懷疑它，它也無法用來支持其他知識。

理性主義的基礎論可以說是困難重重，在懷疑了經驗知識，並將其暫時丟棄之後，卻無法找到一個合理性的支撐點，將它們重新放回知識網路，所提出的先驗知識也未必全部都沒問題，而真正找到的不可懷疑的信念，又不足以建構起整個知識體系。接著我們來看看，直接把經驗知識當作基礎知識會不會比較好。

52 經驗主義式的基礎論

經驗主義（Empiricism）認為，「一切知識都來自於經驗，經驗才是所有知識的源頭。」這裡所謂的經驗指的是感官經驗，也就是從我們與外界接觸的各種感官知覺（視覺、聽覺、嗅覺、味覺、觸覺）所獲取的一切經驗。

最大優點也是缺點

這類主張在哲學史上歷史悠久。從古希臘時期的亞里斯多德，到文藝復興時代的著名哲學家們，洛克、柏克萊、休莫，甚至到了現代的邏輯經驗論，以及當今科學界大部分領域的研究方法（除了像是理論物理學依據數學模型來探討世界之外），大都遵循著這樣的觀念。

補充說明 理論物理學與實驗物理學的差異

從研究方法來看，物理學可以區分成實驗物理學與理論物理學。實驗物理學比較強調經驗證據。如果要證實一個主張，就需要有實驗根據。所以，為了研究微小粒子的微觀世界，科學家們製造了各種粒子對撞機，藉以觀察粒子現象來證實許多科學假說。理論物理學則是藉由建構數學模型來對世界的真相提出主張，像是最初愛因斯坦提出相對論時，就單純是藉由某些假設後，由數學模型計算出來，沒有任何經驗證據的支持（直到多年後才被實驗證實）。而當今很紅的弦論，主張這個世界實際上是由十次元或是二十六次元時空所組成，也是單純由其所建構的數學模型計算出來的結果。這種類型的科學方法較不屬於經驗主義式的方法，反而較為接近理性主義的基本精神。

從經驗主義的基本主張來看知識的合理性結構，作為知識基礎的最基本信念當然就是依據感官知覺所形成的信念，而其他非感官知覺的信念都源自於感官知覺而被支持，因此非感官知覺的知識可以說都是非基礎信念。

經驗主義反對理性主義者所主張的先驗知識存在。理性主義者認為，先驗知識的最大特色就是所有人都普遍認同，無論文化是否有差異都具有共同的知識，因此這些知識一定是與生俱來的。對此經驗主義者洛克反駁說，事實上沒有那種真的被普遍接受的知識，因為幼兒的心中並不會有任何關於數學與邏輯的觀念。洛克認為，包括數學與邏輯等在內的一切知識都是來自於經驗。

從經驗主義的角度來看信念之間如何互相支持的結構，可以發現一項很好的優點：「大多數的知識都可以根源於感官知識。」但其主要缺點之一，也就是理性主義所批評的，感官經驗是可能出錯的，而且我們很難確認何時感官經驗會出錯以及不會出錯。從下列的論證來看似乎真的如此：

(1)感官經驗是會發生錯誤的。由各種幻覺與錯覺的發生可以證明這點。
(2)當感官知覺發生錯誤時，我們難以分辨其是否有出錯。
(3)因此，感官知覺是不值得信賴的。

感官知覺或許在大多數時候是正確的，但是只要它會發生難以判斷是否為錯誤的情況，從一個嚴格的高標準來看，我們就不能信賴它。經驗主義所提供的基礎知識有一個缺點，就是基礎知識不保證正確。既然基礎知識都不能保證正確，上層需要依賴基礎知識的其他信念就更沒有保障了，因此經驗主義式的基礎論難以達成我們期待的理想目標。

基礎知識可以錯嗎？

另一個主要的缺點在於，有一些似乎明顯為真的知識卻無法完全從經驗中獲得，例如「因果律」。如同休莫對因果律的懷疑：「我們根本看不到因果關係。」因果關係無法透過觀察而獲得，如果一切正確的知識只能源自經驗，那麼我們就只能說，「因果關係是不存在的」。除此之外，「所有全稱敘述」也無法來自經驗，我們如何單純憑藉著感官知覺的觀察知道「所有烏鴉是黑色的呢？」如果一切正確的信念都來自於經驗，除非我們觀察完全，否則不可能做這樣的宣稱。然而，我們根本不可能確定何時已經觀察完全，因為總是有可能有沒被觀察到的。諸如此類的全稱敘述幾乎都不存在經驗主義的基礎論知識架構之中，因此經驗主義的主張在建構整個知識系統時，也留下難以被接受的窘境。

在面對這些困難時，經驗主義者傾向於放棄把基礎知識當作不會錯的知識。也就是說，仍然主張經驗知識是一切知識的源頭，而且扮演基礎知識的角色，但接受基礎知識是可能會錯的。這樣的轉變就把原本（基礎知識不會錯）的基礎論進化到「可錯型基礎論」。

在這樣的立場退守之後，會遇到另一個問題，「當主張某個基礎知識會錯時，我們的依據是什麼？」如果依據的是其他（造成衝突的）基礎知識，如何判斷哪一個基礎知識才應該被判定錯誤？這個判斷標準的知識是哪裡來的？如果依據的是某些非基礎知識，又如何能再區別基礎與非基礎呢？嘗試回答這樣的問題時，容易讓基礎論的結構整個瓦解，形成「所有知識互相作為依據」的主張。而這樣的主張就不再屬於基礎論，而是屬於（後面會談到的）另一種（在二十世紀才發展出來）稱之為「融貫論」的新理論了。

在討論融貫論之前，先看看一種幾乎要成功的基礎論：康德的「哥白尼式反轉」所導出的理論。

53 康德基礎論：以先驗綜合判斷為基礎知識

綜觀理性主義與經驗主義在建構基礎知識所遭遇到的問題，康德認為，要完成建構知識的合理性結構，其關鍵點在於他所謂的「先驗綜合判斷」。那麼，什麼是先驗綜合判斷呢？

先驗對照後驗

康德除了（如同理性主義與經驗主義一般）將信念區分成先驗（a priori）與後驗（a posteriori）之外，還區分成分析的（analytic）與綜合的（synthetic）兩種。兩種分類各取其一，可以組合成整個知識合理性結構中最重要的，先驗綜合的（synthetic a priori）信念，也就是先驗綜合判斷。

「先驗」的優點在於其是自明的、不會錯、不需要其他信念的支持，而「綜合」的優點在於可以用來支持其他信念的合理性。因此先驗綜合的信念正好適合擔當基礎論結構中的基礎知識了。

「先驗知識」與「後驗知識」的主要區分在於，「是否需要依賴某些特定感官經驗才能判斷其為真」。例如，「松柏的葉子是綠色的」，這個信念是後驗的，因為必須依賴對松柏葉子的感官知覺才能判斷其為真或假。反之，像是「三角形有三個角」、「紅花是花」、「1＋1＝2」等等，不需要任何特定的感官經驗就能夠知道其為真。這些信念就被康德歸類為先驗的知識，其本身就是合理的，不需要有其他信念的支持。先驗與後驗區別的重要性在於，先驗的判斷無須依賴任何特定經驗，但是後驗的判斷必須仰賴特定經驗，而感官經驗比較可能會錯，所以後驗判斷是比較沒保障的判斷。

綜合對照分析

分析與綜合的區別在於，「一個敘述的前項意義是否已經完全包含了後項」。舉例來說，「白雪是白色的」，在這個敘述中，我們稱「白雪」為前項，而「白色的」則為後項。前項的意義包含了「雪」和「白色」兩個，而後項的意義只有「白色」一個，前項所具有的意義已經完全包含了後項所具有的意義，這個敘述就稱之為「分析的」，意思是說，後項可以從前項分析出來。

「葉子是綠色的」，這個敘述語句的前項「葉子」的意義並不包含「綠色」，雖然多數葉子是綠色的，但是只要詞彙的意義本身不包含就不算包含，這樣的敘述語句稱為「綜合的」。如果把敘述語句當作是一種判斷，我們就稱其為分析判斷或是綜合判斷；如果將其當作是信念，也就算是分析型的信念或是綜合型的信念。但是在哲學的討論上，我們比較常用「命題」（分析命題與綜合命題）或是「判斷」來稱呼它們。「命題」這個詞在哲學上有特殊的用法，其對應的是「有真假值的語句」，也就是能夠用「真」（正確的）或是「假」（錯誤的）來衡量的語句。針對的不是語言本身，而是語言所表達的意義。

分析與綜合的區別常常被誤解成「字面上」的包含，但「命題」針對的不是語言，而是語言所表達的意義，所以重點在於「意義上」的包含。例如，「單身漢是未婚的」，這個敘述在字面上前項並沒有包含後項，但因其意義上有包含，所以是分析命題。而另一個例子，「單身貴族是貴族」，這個敘述在字面上前項有包含後項，但是意義上不包含，因此它便是綜合命題。

分析命題與綜合命題區分的重點在於，分析命題的知識無法擴展，也就是無法作為支持其他知識合理性基礎的知識，但是綜合命題可以。分析命題由於前項的意義比後項還多，這種話屬於說了也是白說的廢話，即使這樣的知識絕對不可能錯，但這樣的命題並不能告訴我們更多的事物，也無法藉由許多分析命題的組合而衍生新的知識，或用來支持其他信念。

綜合命題就不是這樣，由於其後項有前項所沒有的意義，因此在不同綜合命題的組合下可能產生出新的知識。例如，當我們具有「奇異果是含有豐富營養的水果」以及「吃含有豐富營養的水果有益健康」兩個知識時，就可以藉由它們衍生出一個新的知識：「吃奇異果有益健康。」當綜合命題作為基礎知識時，可以用來支持其他非基礎知識，而這樣的非基礎知識也可以用來支持其他非基礎知識。

兩種知識的優點

在此，康德找到了兩種知識的特色，一是先驗知識是不會錯的，二是綜合判斷可以衍生出其他知識。這兩個優點正是我們尋找作為基礎論知識結構的基礎信念，如果有知識同時具備這兩個優點，它就可能是基礎信念的最佳候選人。康德稱這樣的知識為「先驗綜合判斷」。

康德認為，符合先驗綜合判斷的知識有關於數學與邏輯方面的知識。另外，休莫所懷疑的「凡事必有因」以及「自然齊一律」，都被康德認為是我們先天的認知結構而成為先驗綜合判斷。

補充說明 何謂先天的認知結構

傳統上，人們認為世界就在那裡，而我們藉由感官知覺認識這個世界。但是，在理性主義與經驗主義的討論過後，這種傳統觀點產生了難以解決的問題，以致產生出休莫的各種懷疑。康德在思考這些問題之後認為，我們不僅僅被動的認識這個世界，而是在某種程度上主動的塑造我們對世界的認識。簡單的說，我們具有一些認知上的結構，就像各種模子一樣，把從世界接收到的素材，製造成我們能理解的模樣，然後認識與解讀這個世界。像是時間、空間、因果律等等都是我們認識世界的模子。哲學史上把這樣一個認知上的轉變，和哥白尼從「地球中心說」改成「太陽中心說」做類比，而稱之為「康德的哥白尼式反轉」或「康德的哥白尼式革命」。

懸而未決的問題

這個理論乍聽之下很有吸引力，的確也相當程度提供了很好的知識基礎，但是細細品味之後發現，問題仍舊沒有完全得到解決。第一，先驗綜合判斷真的都是不會錯的嗎？第二，光靠先驗綜合判斷真的可以發展出所有的知識嗎？

關於第一個問題，雖然我們習慣性的接受因果律以及自然齊一律，但是說它們是先天的認知結構不太適合，因為我們仍舊可以想像沒有因果律的世界，以及自然齊一律是錯誤的狀態，所以這些判斷未必是先驗的。就算它們真的是先驗的，也未必就是對的。我們如何能夠確定只要不依賴感官知覺的知識就是正確的知識呢？另外，光靠康德所提出的先驗綜合判斷是不夠的，問題和理性主義會遇到的困難類似，如果知識的基礎不包含感官經驗，就難以建構出一個包含感官經驗的知識體系，但此說我們似乎必須放棄感官知識，所以這也不是我們希望的知識結構。

那麼，還有什麼可能的知識可以作為基礎論知識結構中的基礎知識呢？在不斷的失敗之後，許多哲學家開始嘗試主張，「根本不存在有不會錯的基礎知識」，如此一來，知識的結構就不再像大廈一般，而是另一種風貌了。

54 融貫論：所有知識互相支持

融貫論（Coherentism）起源於對基礎論的否定。由於基礎論在尋找基礎信念（或基礎知識）中遇到很大的困難，讓我們思考到一個問題，會不會根本就沒有基礎知識的存在？或者說，基礎論根本就是個錯誤的理論？

如果真是如此，信念間的合理性支持結構該是如何？如果信念間沒有基礎與非基礎的差別，也不會有上層與下層的差別，所有信念直接或是間接的互相支持而形成一個融貫的網路。當我們這樣主張時，就等於在支持融貫論的知識體系：「一個信念之所以是合理的，那是因為由整體信念所組成的信念網，可以用來支持它，因而提供一個合理性的基礎。」

補充說明　真理的融貫論與合理性的融貫論

這裡談的融貫論（稱之為「合理性的融貫論」或「證成的融貫論」）和前面提到的談

論如何定義「真」的融貫論（稱為「真理的融貫論」）不同。差別在於，這裡談的融貫論針對的是信念之間合理性的關係結構，而真理的融貫論則是用融貫來定義何謂「真」。

信念被否定的歷程

融貫論最吸引人的地方在於，當我們對知識進行反思時會發現，知識大多有著不穩定的基礎，都可能因為其他知識的改變而改變，這不符合基礎論的觀點，但符合融貫論的特質。在融貫論中，不會有絕對不會錯的基礎知識存在。我們也的確發現，任何信念都可能在某種程度上被發現是錯的。為什麼一個原本認為是正確的信念，在某種情況下會被我們認為是錯的呢？什麼樣的情況產生這樣的效果？

融貫論的答案也符合信念被否定的歷程。當信念網中的其他信念和一個新想法不合的時候，我們會認為新想法是錯的。但是，當支持這個信念的其他信念愈來愈多的時候，可能導致一場知識的革命，把那些原本不合的信念全部推翻。也就是說，一個信念和整個信念網的融貫度愈高，就愈會受到合理性的支持；反之，就愈會被認為不合理。這樣的情況的確可以在我們的認知中發現。

舉例來說，二〇一二年時歐洲一個科學研究團隊宣稱，依據實驗的觀察與測量，他們發現，「微中子的速度比光速還要更快。」當這個實驗結果公布時，大多數科學家的反應是「不可能！」他們拒絕接受這個實驗結果。明明是實驗結果，為什麼不相信？因為這個實驗結果顛覆了許多既有的物理學知識。當這個新主張進入整個物理學信念網時，會產生衝突。那為什麼不接受它且排斥其他造成衝突的舊信念呢？問題就在於，一個單一實驗結果無法製造比原本舊信念更大的融貫性，因此科學家們傾向於認為這個實驗結果是錯誤的。然而，如果再有更多人得出這樣的實驗結果，其融貫性開始升高，就有可能撼動原本的信念網，形成一場巨大的科學革命。

後來，這個科學研究團隊在多做幾次實驗之後，發現微中子的速度還是比光速慢，因此認為實驗是某些錯誤所導致，而放棄先前的主張。事實上，從合理性的解釋來說，仍有許多可能性可解釋這一切。例如，一開始的測量是正確的，而後來的測量才是錯的。或者，前後的測量都是對的，微中子在某些特殊狀態下，可能突然變得比光速快。或是，光速可能比我們所知道的還要更快等等。但是，這些假設對整個物理學信念網造成的融貫性較低，也就不會成為理智所接受的解答。

融貫論的兩顆未爆彈

融貫論很符合我們認知狀態的變化，但也會遇到一些難題。這樣的知識體系不就是一個循環支持系統嗎？所有的信念混合在一起，互相支持，不就是邏輯學所說的「循環支持的謬誤」？的確如此，這是融貫論必須吞下的第一顆未爆彈。

既然如此，由於自圓其說的融貫系統不會只有一個，就像我們對某些事物總會有許多不同的解讀，那是否表示，融貫論知識體系下的信念並不保證為真，只能說，這是目前為止最好的融貫體系，只能暫時當作是真的。

那麼我們便要問，這樣的情況有結束的一天嗎？如果融貫程度相同的兩個不同體系互相衝突時，我們如何判斷哪一個比較合理？這似乎是說，知識將失去其客觀性，而變成相對主義一般，一個信念的合理性必須考慮是在哪一個融貫系統中。

為了解決這樣的困擾，我們不妨假設，如果有一天我們的信念可以擴及所有能被信念包含的範圍，而且到時候只有一個最好的融貫系統，那麼我們便可以將融貫網的信念都視為真，並得到最後的客觀性。但是，這樣的一天有可能來臨嗎？

這似乎是不太可能的事情，很難想像在什麼情況下我們可以確定一切可能的信念都被掌握了。即使有一天，針對當時可被觀察的世界中所有成員已經有很好的理論說明，我們也無從衡量是否仍有難以觀察、尚未被發現，或甚至無法觀察到的事物存在。只要是沒辦法確定，我們就不能宣稱那個信念網是涵蓋一切可能信念中，最好且唯一的一個。

如果這真的不可能，是否表示，我們永遠不能判定任何一個信念為真？這似乎是很容易從融貫論的基本主張推出的答案。融貫論者若真是這樣主張的話，這是其必須吞下的第二顆未爆彈。

拆解危機引信

我們先來看看第一顆未爆彈。一個循環支持的論證中，如果信念成員愈少，可信度自然愈低。當其循環支持的信念愈來愈多時，可信度就開始提升。因為成員愈多，其融貫性就愈難達成。換句話說，當愈多的信念加入一個循環解釋的體系時，此融貫系統也愈容易形成矛盾。如果沒有形成矛盾，這個信念網就愈來愈有可信度。雖然融貫論在其本質上是一個循環支持的謬誤，但是當其組成的量愈大時，它就愈不是一個謬誤，反而會成為一個愈來愈有可信度的集體信念。這就像是以偏概全的謬誤一般，當推理中的「偏」（已觀察成員）數量愈來愈大且愈多元時，就變成了科學認同的歸納法，而不再是一種謬誤。

在這樣的說明中，第一顆未爆彈或許可以逐漸減輕其未來的危機。雖然可以在可信度上不斷隨著加入分子愈多而愈有可信度，但總不會有被肯定的一天，而這也就是第二顆未爆彈的危機。

面對這個問題可以先反思一下，為什麼我們認為這是一顆危險的未爆彈呢？因為我們預設一個好的知識理論要找出真理、證明真理。但是，如果事實上人類真的辦不到這點呢？如果知識通往本體的道路（也就是知道客觀世界真相）原本就是行不通的呢？融貫論不就顯示出人類知識的不足之處，而不是一個危機了嗎？

當一個融貫論者這樣主張時，等於是在說，這顆未爆彈並非真的炸彈，而是莫須有的東西。這樣的融貫論很遺憾的宣告了知識是無法通往真理的。然而，也不盡然如此，如前面所說的，如果信念的量可以到達幾乎完整的地步，或甚至是囊括一切有可能的信念之後，形成一個唯一個融貫系統，到時候還是有可能宣告一切在此融貫系統的信念都是客觀為真的。雖然很難想像真有這樣的一天，但那或許就是在人類智識上有突破的時刻。

55 懷疑論

在哲學上，當我們提到什麼「論」或是什麼「主義」時，通常是指某個特定的主張，「懷疑論」（skepticism）卻是個例外。這個專有名詞實際上是一個統稱，凡是針對我們習以為常的事物，提出一個懷疑的理由，或甚至只是抱持一個懷疑的態度，所產生出來的想法，都可以稱之為懷疑論。

批判性思考精神與懷疑論者

如果針對的是平常大家會懷疑的事物，例如，某政治人物是否貪污？鬼是否存在？或是某個人的想法是否符合邏輯？具有這些平常大家會去懷疑的想法的人，我們會說這些人比較具有批判性思考精神（這在哲學上常常是讚美詞），而比較不會稱其為懷疑論者（這在哲學上有時會具有貶損意味）。懷疑論是針對平時我們比較不會去懷疑的事物在懷疑。例如，「世界是否真實存在」、「自我是否存在」、「他人是否真的有心靈」，這些在日常生活中都被認為是理所當然的事物。當懷疑論者開始進行懷疑時，有時我們會發現，這些理所當然的信念還真的是有問題。

懷疑論的確有其價值，但是某些類型的懷疑論者卻讓人十分頭痛，也十分討厭。這類懷疑論者不提懷疑的理由，只一再強調：「我懷疑你所說的，你無法說服我，你需要進一步證明。」當我們遇到這種懷疑論者時，會顯得無可奈何，因為這是永遠沒完沒了的。這就是為什麼「懷疑論者」有時會被當作貶損詞在使用了。當懷疑論者被比喻成這種毫無建設性問題的討論對象時，就會變成一個負面用語。

由於懷疑論是去質疑我們在日常生活中比較不會去質疑的東西，因此許多人會認為懷疑這些東西很無聊，根本是沒事找事做。不過也有人認為，雖然這樣的質疑沒什麼必要，但還是有益的，它可以訓練我們的思考能力。這兩種想法都把懷疑論看的太過膚淺，因為所有在哲學上可以被懷疑的東西，真的都有被懷疑的價值。

你有懷疑精神嗎？

試想看看在日常生活中有哪些東西不值得懷疑？對於一百年前的人來說，質量與能量的區別、空間與時間的區別是沒什麼好懷疑的，但是，現代科學將它們都關連起來了。曾經人們認為神的存在是不容懷疑的，男人比女人優秀是不須懷疑的，但是，現在的我們大都會懷疑這些想法，甚至否定它們。那麼，我們現在認為不需要懷疑的東西跟過去人們認為不需要懷疑的東西，有什麼根本上的差別嗎？目前我們認為男女應該平等平權，理由有比過去主張男尊女卑還要好嗎？或者未來根本會認為女人才是比較高等的生物也說不定。

當我們去懷疑現有的某些觀念時，思想就開始掙脫時代的束縛，如果掙脫成功，就可以更自由遨遊在廣闊的思想世界。在廣闊的思想世界中，我們或許可以找到更可靠的知識或是真理。我想這是懷疑論的最大價值。

從懷疑論的想法延伸，我們可以用一個詞彙來描述喜歡懷疑的人的一個特質，這樣的特質稱之為「懷疑精神」。懷疑精神在日常生活中讓人比較不會被謬誤的言論所迷惑，在追求真理的過程中比較能夠開拓新的思維疆域。當然，只有懷疑精神是不夠的，必須連帶有思考的工具，像是邏輯與批判性思考能力的輔助才能發揮功效。以下幾篇，我們將討論在哲學領域裡幾個重要的被懷疑對象。

56 他心問題：別人有心靈嗎？

想像一下，你是個學生，走在擁擠的城市街道上，有個人快速從後面衝過來撞到你，然後匆忙離去，沒有一句道歉。遇到這種情形，你可能會很生氣，也可能在心裡咒他：「趕著去投胎啊！」就在你停下腳步心裡咒罵的時候，有輛車在路口對你猛按喇叭。這使你更生氣了，心裡可能想著：「亂按什麼喇叭。」到了學校，有同學跑過來跟你說：「今天早上不用上課，因為老師請假。」你終於綻放出笑容，想著：「總算有件好事發生了。」但是，同學隨即對你說：「愚人節快樂！」這時，你幾乎快氣炸了。

你知道自己很生氣，因為那個路人魯莽粗心，撞到人居然沒有道歉，開車的人一點也不體諒路人而亂按喇叭，到了學校還遭到同學戲弄。在這種情況下，世界上大概沒多少人不生氣。德性要修到這種胸襟，談何容易。

如何能夠確認別人的心？

不用任何胸襟，有一個想法可以讓你不生氣，就是把討厭的人當作自動運作的機器人。如果這些粗心、不體諒、戲弄你的人都是沒有心靈的機器人，有什麼好生氣的呢？事實上，機器人本來就不可能粗心，因為他們根本沒有心。而體諒或戲弄與否都必須先有一顆心靈才行，否則只是設計好的自動裝置而已。對自動裝置的機器人生氣才是奇怪的事。

當然，一般來說我們不會這麼想，可能從來沒有懷疑過別人是否有心靈，因為這樣的想像實在太奇怪了。而且在直覺上，證明其他人有心靈實在是太簡單不過，只要打他一下看他會不會痛，不就知道了嗎？因為痛是一種心靈狀態，會痛就表示有心靈。不過再仔細思考一下，這種驗證方法有效嗎？

換個角度思考，你可以確認自己會痛，因為你有痛的感覺。但是，你怎麼能夠知道別人也會痛？這樣一問似乎就把我們問倒了，也突顯出「他心問題」（the problem of other minds）。確認自己的心和確認別人的心，是完全不同的兩件事。

首先，當你發現你在生氣的時候，你很確定，因為你感受到了自己的怒氣。但是，當你認為別人有不體貼的心、粗心的心理狀態，或是戲弄你的心理時，你感受到了嗎？沒有，你只是透過他們的行為推理得到。這是第一個不同點。依據這個不同，進一步看看有沒有辦法證明別人的確是有心靈的。這時我們會感到迷惘，因為，如果依據經驗主義的說法，「一切知識來自於經驗」，但我們沒有關於他人心靈的經驗，很難藉由經驗直接去證實他人心靈的存在。其次，從理性主義來說，對於別人心靈的存在也不是自明的，認為別人有心靈的相關知識並不是任何基礎知識類型。我們只能考慮它是間接得知，或是推理獲得的知識。那麼，我們如何推理出他人心靈存在的知識呢？他人真的有心靈嗎？

類比論證：我有，所以別人也有

主張他人心靈存在的一個主要論證稱之為「類比論證」（argument from analogy），這也應是大多數人相信他人心靈存在的主要依據。此論證主要依據我們自己的心靈，以及我們有某心靈狀態時會產生某些行為和反應來推理。當我們看見別人有類似的行為或是反應時，我們就推測並且相信，別人具有和我們類似（或甚至相同的）心靈狀態。例如，自己不小心踢到桌腳時會痛，這個痛導致某些行為，像是喊一聲「唉呦」、顯現出痛苦的表情。當看見別人踢到桌腳，並且也產生類似行為時，雖然感覺不到別人的痛，但會推測別人有著「跟自己一樣的痛」。

這個論證的可信度或許很高，但是如果說這可以「證明」他人心靈存在，又言過其實了。

因為，當我們說「別人有心靈」時，「心靈」這個詞彙指涉到我們對自己心靈的認識，也就是說，別人有跟我類似的心靈，然而，這卻不是必然的。只要別人有能夠讓他們產生跟我類似行為與反應的機制即可，而這樣的機制未必需要一顆心靈，更不需要一顆跟我一樣或類似的心靈。如果我們要證明他人有心靈，光是這個類比論證是不夠的，還需要其他論證的幫助。

當然，我們可以用更多的東西來類比，也可以類比外型，例如，長的像我這樣的也會和我一樣有心靈；或者，跟我一樣有大腦的也一樣會有心靈。這樣的類比雖然有加強相信他人有心靈的作用，但除非能找到外型或大腦與心靈的必然關聯，否則難以達成目的。

我們也可以說，因為他人跟我一樣會使用與心靈相關的語言，而我是有心靈才知道如何運用這些心靈詞彙的。從來沒有痛和癢經驗的人，又如何能學會使用這兩個字呢？因此，會使用心靈詞彙的別人也會有心靈。這個推理雖然很合理，卻必須先預設「能恰當使用心靈詞彙的人必須具備相關心靈狀態」。然而，我們已有許多證據顯示這個預設是錯誤的。例如，心理學家發現，「一個從小就全盲的小孩可以在日常生活中相當程度上使用『看』這個字，事實上他卻完全看不到任何東西。」也就是說，沒有相對應的感官經驗，一樣有可能（在相當程度上）學會一個和感覺經驗直接相關的語詞用法。因此，上述推理雖然能夠提升他人有心靈的合理性，但仍舊無法真正導出他人有心靈的事實。

可以類比的愈多，說服力似乎就愈高，但是無論如何，這些論證都無法排除「他人沒有一顆和我類似的心靈」的可能性。因此，類比論證永遠無法證明他人心靈的存在。

私有語言論證：他人沒有心靈，不合理

除了類比論證之外，另一個較著名的論證最早由二十世紀哲學家維根斯坦所提出，稱之為「私有語言論證」（the private language argument）。這個論證的基本描述方式如下：

(1)如果其他人都沒有心靈，那麼我是唯一有心靈的。
(2)如果我是唯一有心靈的，那麼我所使用的語言就是私有語言（自己發明、自己遵守、自己使用的語言）。
(3)由於語言是有規則的，因此語言的使用與學習必須經過規則遵守的過程。
(4)由於一個人（或一個心靈）不可能獨自遵守或形成規則，因此私有語言是不可能的。
(5)所以，他人心靈存在。

這個論證使用一種稱之為「歸謬證法」的方式，提出他人有心靈的主張。首先假設結論的

反面（他人都沒有心靈）是對的，然後導出不合理（我們使用的語言是私有語言，這是不合理的），這情況說明我們最初的假設是不合理的（即假設他人都沒有心靈是不合理的），進而主張結論（他人心靈存在）。

這個論證雖然很合理的提出了他人心靈存在的理由，但是仍有兩個缺點，第一，此論證只能用來證明「他人都沒有心靈是不合理的」，而從這裡推出「至少有他人心靈的存在」，但並不能等同於「所有其他人都是有心靈的」。因此，如果事實上某些人有心靈，而某些人沒有，這在論證中不會出現不合理的情況。依據前面談過的，「這個世界就像線上遊戲一般的世界」的類比來看，說不定某些人是有心靈的玩家，而某些人則是俗稱為NPC（Non-Player Character）的電腦設定虛擬人物。這樣的假設不會受到私有語言論證的攻擊，還是有可能某些人是沒有心靈的。

第二，雖然我們無法想像一個人如何造出這種需要共同約定的語言，但是我們可以想像其他可能的狀況，來懷疑他人心靈的存在。例如，語言的確是許多人共同創造出來的，但這些人的心靈都不見了，只剩下我一個人的心靈存在於這個世界。或者，語言從很久以前就造好了，但是人類後來都變成沒有心靈，即使沒有心靈也能夠繼續遵守語言規則，而我是突變之後又出現心靈的唯一人類。

從這些異想天開的想像來看，我們可以發現，要完全證明他人有心靈大概是不太可能的，最多只能提出一些合理的理由相信他人有心靈。除非有一天我們真的解開了心靈之謎，瞭解心靈是如何產生的。依據前面提到的意識問題來看，這一天還不知是否真能來臨。私有語言論證雖然不能真正證明他人有心靈，卻可以主張，「他人有心靈是個最合理的假設。」能達成此一目標，此論證也已經是成果非凡了。

57 逆反感質問題：我看到的真的和別人看到的相同嗎？

十七世紀哲學家洛克提出了逆反感質（inverted qualia）的問題。「感質」這個專有名詞指的是內心主觀的感官知覺，像是各種顏色、觸感、氣味等感覺。逆反感質問題是說，假設我看見紅色時所知覺到的色感（感質）和別人看綠色的色感相同，而且我看綠色的色感和別人看紅色的色感相同，這樣的感質對調具有系統上的一致性，那麼我永遠不可能透過語言的討論與行為的觀察知道這個現象，我會一直以為我們的色感是相同的。

當我的紅色是你的綠色時

簡單的說，如果我天生看見的綠色和你看見的紅色的感官知覺對調，我們永遠無法發現這個不同。因此，A說他比較喜歡紅色，而B卻說他比較喜歡綠色，當他們爭論哪個顏色比較美時，他們所喜歡的感官知覺說不定根本一樣，卻完全無法察覺。有人或許會感到疑惑說，只要看一個人在紅綠燈前的行為，不就可以知道他是否為紅綠色逆反感質的人了嗎？事實上，他們的行為不會有任何差別。為什麼會這樣呢？

假設A的視覺經驗像一般大眾一樣，而B是紅綠對調的逆反感質人，當A看見紅色事物時，A的感官經驗可以稱之為「A紅」；看見綠色事物時，A的感官經驗可以稱之為「A綠」。由於A和一般人的感官知覺相同，所以，「A紅」的感官知覺就是我們一般稱之為「紅色」的感官知覺，「A綠」則是一般所說的「綠色」。反之，當B看見紅色事物時，B的感官經驗可以稱之為「B紅」，看見綠色事物時，其感官經驗則稱之為「B綠」。由於B是紅綠色的逆反感質人，所以，「B紅」實際上是我們一般所說的「綠色」，而「B綠」則是一般所說的「紅色」。那麼，從內心的感官知覺來說：

A紅＝紅色＝B綠

A綠＝綠色＝B紅

在B小的時候，當他看見紅燈時（它實際上內心的感官知覺是「B紅」，也就是我們一般所說的綠色），人們都稱呼這個東西是紅色，所以，B也學會稱呼這個東西為紅色。由於B學會交通法規看到紅燈要停下來，所以，當他看到了「B紅」（他內心呈現的實際上是我們所謂的綠色）時，他就跟著停下來了。因此，在紅綠燈前，B並不會表現出任何和其他人不同的行為。因為，B從小學習語言的時候就自然會把內心的「B紅」感受（也就是他內心的綠色感官知覺）稱之為紅色，而把B綠（他內心的紅色知覺）稱之為綠色，所以，從語言與行為表現來說，他會和其他人完全一樣。因此，我們（包含B自己）無法分辨這樣的差別。

每個人的感質都不一樣

當然，唯物論者會說，逆反感質的人在大腦的運作方式上一定有一些與其他人不同的地方，否則怎麼可能產生不同的色感呢？只要能夠深入了解形成顏色的大腦運作方式，自然就可以判斷出一個人是否為逆反感質的人了。而且，由於人們天生的大腦結構是類似的，所以我們合理的相信不會有逆反感質的問題。

雖然這樣的推測很合理，但是唯物論目前也只是一個科學上的假設，心靈與意識究竟是不是真的由大腦所形成，或完全由大腦所形成，也都還是個問號。而且，就算真是如此，我們還無法確定，是否真有一天可以揭開各種心靈狀態所對應的物質現象。所以，這個問題有可能永遠是個謎。

藉由這個對感質同一性的懷疑，我們可以說，目前無法確認大家的感質是否相同。甚至我們還可以大膽想像：「所有人的感質全部都不一樣。」意思是說，我所看見的紅色感覺是獨一無二的，沒有一個人和我一樣，而別人的感官知覺也都是如此。即使在這種情況下，我們也無法藉由語言與行為發現有所不同。這個想法簡單說就是，我們內心世界是封閉的，處在一個無法真正交流的狀態，雖然我們一直以為瞭解別人的內心世界，但這有可能只是一種知識上的錯誤預設。

類似的問題也的確在日常生活中上演，例如，有些人會對某些情緒感到很難適應而求助他人，例如，很沒安全感、對未來焦慮、對任何事都感到煩躁、憂鬱、恐懼、無力感，甚至覺得人生沒有意義的虛無感。求助者常遇到的回應可能是，「想這麼多幹嘛！我也有這樣的情緒啊，別管它就好了。」然而，最大的可能性是，回答的人根本無法體會求助者內心的真實情感。如果真的可以不管它就好了，還有誰會來求助啊？

發生這種問題的一種可能性如前面所說，求助者和回答者心中所想的內心情感根本就是不同的東西，但由於我們使用相同的詞彙，所以很容易誤以為是相同的東西。另一種更合理的可能性是，雖然感覺類似，但強度不同。即使表達的情緒類似，當強度不同時，也會演變成完全不同的問題。由於我們無法對這些情緒作客觀衡量，所以很難斷定究竟事實如何。就目前來說，這還是個非常棘手的問題。

58 自我：「我」是什麼？「我」存在嗎？

當我們遇見不熟悉的事物時，通常會去思考它，思考過後不見得全盤理解，但通常會有更多的認識。然而在哲學上，許多日常生活中人人習以為常的東西，在深入思考後反而愈來愈困惑。古羅馬時期的奧古斯丁（Aurelius Augustinus, 354-430）在思考「時間」時，就曾感嘆的說：「在我思考何謂時間之前，我很清楚知道時間是什麼，但思考後，我卻不知道時間是什麼了。」不僅針對「時間」會有這樣的困惑，思考何謂「心靈」、「自我」時，也都會有類似的情形。在這種情況下，我們會感到疑惑，原本讓我們以為很清楚知道這些東西的知識，究竟值不值得信賴？

前面已經對心靈有很多的討論，現在來思考看看，何謂「自我」？自我真的存在嗎？

身體、靈魂、大腦、記憶

當我們說「我」的時候，通常指的是自己的身體，例如，「我的手扭到了」，或是「我跑得很快」。但是只要稍微想一下，就知道真正的自我不是指身體。例如，假設愛貪汙的王先生的靈魂（或是心靈）占據了陳姓官員的身體，然後做了貪汙的行為。那麼，貪汙的人是誰呢？如果真有這種情況發生，我們會覺得陳姓官員是無罪的，真正有罪的是王先生。雖然貪汙的是陳姓官員的身體，但是我們會覺得，靈魂（或是心靈）比身體更能夠代表一個人的自我。

這個說法原本沒有問題，如果我們是心物二元論者，便可以宣稱，自我就是一個人的靈魂。但是，現代是屬於唯物論的時代，唯物論目前被視為最合理的理論。從唯物論的角度來看，靈魂並不存在，心靈就是身體（尤其是大腦）所製造出來的現象。在這個觀點上，「自我」的概念會變得有點奇怪。

我們會想問，在沒有靈魂的情況下，「自我」究竟在哪裡？既然心靈在腦子裡，自我也應該是在腦子裡吧！在大腦的哪裡呢？問題變得很麻煩。當今神經科學找不到「自我」的位置，或許自我和心靈一樣沒有特定位置，而是腦細胞運作下的產物。就像電腦軟體，不一定要在特定記憶體位置運作，只要有足夠的運作空間就可以執行我們想要的程式。依據這樣的類比，是否表示「自我」只是一個思想運作的產物，而不是特定事物呢？自我能算是一個存在事物嗎？我們是否還可以說「昨天的我和今天的我是同一個我」呢？因為，既然自我是一種思維運作過程的產物，照理說，昨天的我和今天的我已經有些不同了，應該是不同的人了吧。如果只有一天差異不大，至少「十年前的我和現在的我是不同的人了吧」。如果真是如此，十年前的我所犯的罪是不是應該一筆勾消？如果我們希望主張兩者仍然算是相同的人，維繫這個「相同」的東西又是什麼？

為了回答這個問題，有人主張，維繫十年前的我和現在的我的，是具有過去的回憶，也就是說，「一段連續的記憶」才是真正的自我。這樣是否表示，如果有人暫時失憶，就變成另一個人了？

笛卡兒戲院製造的錯覺

當代哲學家丹尼特（Daniel Dennett, 1942-）主張，我們長期以來迷失在笛卡兒的戲院裡面。因為笛卡兒主張心物二元論，一切包含著自我的意識運作都是由一個非物質靈魂所主導。即使我們接受了當代唯物論，放棄使用靈魂的概念來解釋心靈與意識的運作，卻在無意間保留了將意識現象看作具有一個核心點的想法，彷彿大腦中仍有個靈魂一般的指揮中心在處理一切，就像在笛卡兒製造的戲院觀看一切。這樣的錯覺，讓我們誤以為有個自我在那裡。實際上，重新檢視所有意識現象後，並無法找到這個指揮中心。原來，這又是一場錯覺。

從唯物論的角度來看，丹尼特的理論具有相當的合理性，如果心靈與意識真是由大腦相關的物質所構成，到目前為止，神經科學尚未發現這樣的指揮中心存在，而且應該是不存在的。不過有趣的是，尖端的研究在某種程度上呼應了數千年來佛教傳下的觀點。禪師們從靜坐中發現，在內心深處是沒有自我存在的，就像六祖慧能的著名偈語所說：「菩提本無樹，明鏡亦非台；本來無一物，何處惹塵埃。」（既然象徵「我」的菩提樹，和象徵「心靈」的明鏡台都不存在，那又如何能蒙塵呢？）

無論唯物論的觀點是否正確，主張自我不存在的想法，的確值得我們細細思索。如果我們習慣性瞭解的那個自我不存在，是否有另一種更真實的自我呢？如果有的話，那會是什麼？如果沒有，這種錯覺究竟是怎麼產生的？它與我們所追求的人生意義是否有關聯呢？

一連串問題構成了對自我相關知識的懷疑，讓原本以為很清楚的觀念，在深入思考之後，竟然變得模糊、疑惑起來。或許，我們所習慣關於自我的知識真的都是錯的；也或許，還有更重要的關於自我的知識等待我們去挖掘。

59 因果律：「凡事必有因」是正確的嗎？

遇到特別的事情時，我們自然而然會去尋找發生的原因。例如，如果撞車了，我們會去思考車禍是怎麼發生的，因為對方速度太快，還是自己注意力不集中？去解釋就是去賦予一個「因果關係」，把車禍當成是「果」，而車速或是注意力是「因」，然後說這個「因」導致了那個「果」。

又例如，考上了研究所，我們也會給一個因果解釋，考上研究所是「果」，而「因」可能是「很用功」、「有開讀書會」，或是「運氣好」。我們未必肯定該因果關連絕對正確，但幾乎不會懷疑一定有原因導致那個結果。

有人突然發了大財，可能會歸因於天公保佑；有人生了怪病，可能歸因於做了壞事；有人精神恍惚，則可能歸因於有鬼怪作祟。一般來說，現代人比較不相信這些所謂的迷信，而認為其因果關連是不正確的，而會使用不同的因果去解釋。我們或許會發現，有些現象難以找到適當的原因來解釋，但是無論如何，總是認為有一個或多個原因導致事情的發生，只不過我們尚未了解罷了。

是「因果關係」，還是「前後關係」？

「凡事必有因」——這是一個很基本的信念。

我們為什麼堅持事物的發生必然有其原因呢？有什麼理由支持或是證明事物的發生必有其原因嗎？

如果好好想一想這個問題，就會發現真有趣，「我們在完全沒有任何證據支持因果關係存在的情況下，堅持因果關係的存在，而且還將它當成理所當然的東西。」為什麼會這樣呢？

當然，也有人不同意這個看法。他們會說，很容易可以證明因果關係的存在。例如，「看！我手上拿著這支筆，如果放手，筆就會掉下去；如果不放手，筆就不會掉。現在我把手放掉，筆掉下去了，這不就是證明嗎？我把手放掉是因，筆掉下去則是果。」

根據上面這個例子，又有人反駁說，「真正的因不是把手放開，而是地心引力，是地心引力把筆吸過去的。」無論是哪一個說法，請問我們能夠觀察到「因果關係」嗎？

事實上，我們並沒有看到一個因果關係在這兩者之間作用，我們所看到的，只不過是一種

「前後關係」。某一件事先發生了（例如，手放開筆），然後另一件事隨之發生（例如，筆掉下去）。除此之外，我們並沒有觀察到任何其他的東西。就像觀察日出與日落一樣，先有了日出，然後有了日落，但是其間未必有什麼特別的關聯可以稱之為「因果關係」。

「因果關係」這個詞彙所表達的比「前後關係」還要多。但是，單純從觀察證據來看，「因果關係」和「前後關係」是一樣的，有什麼理由能主張因果關係的存在？

理所當然，卻毫無根據

十八世紀哲學家休莫就依據類似的理由主張，因果關係的存在是可疑的。尤其休莫屬於經驗主義者，經驗主義認為一切知識來自於經驗，因此在我們無法以感官經驗觀察因果關係的情況下，對因果關係的存在產生懷疑也是很自然的事情。然而，如果我們想要證明因果關係的存在，也可以放棄經驗主義，嘗試主張除了經驗之外還有其他的可靠知識來源。

同屬十八世紀的哲學家康德就主張，關於「因果關係」的知識事實上是一種內建的知識（或說是一種內建的架構），人們天生就有一些用以認識世界的認知架構（例如，時間性、三度空間以及因果關係等等），藉由這些認知架構的模子塑造我們可以認識的世界。因此，因果關係是屬於天生而且不會改變的知識。

即使康德這個說法是正確的，也並不證明因果關係真的存在，只能證明我們天生就會使用具有因果關係的思考方式，來理解這個世界。至於這個客觀世界是否真有因果關係，是無法知道的。

「因果關係」這麼理所當然在我們知識中被運用的東西，竟然落得完全沒有根據的下場。是否有可能找到其他更合理的想法，來支持因果關係的存在呢？因果關係幾乎可以說是科學的命脈所在，如果世界上根本沒有所謂的因果關係，科學理論就等於建立在虛構的支架上。

或者從另一個角度來看，如果我們試著否定其存在，一個沒有因果關係的世界會是怎樣的世界呢？如果不再運用因果關係去理解這個世界，我們的生活將受到怎樣的影響呢？這些都屬於有待開發與探險的思想新世界。

60 歸納法值得信賴嗎？

當今人類最信賴的科學除了預設因果律之外，還依賴一個稱之為「歸納法」（induction）的推理方式。歸納法就是從已知的事物去推測未知的事物，或是預測未來的事物。例如，當我們所觀察到的每一隻烏鴉都是黑色的，就會認為下一隻即將發現的烏鴉也會是黑色的。當我們發現過去物體運動都是依據 F = ma（推動力＝物體質量乘以其加速度）這個牛頓運動定律時，我們也會認為，尚未觀察到的宇宙角落以及未來即將發生的物體運動，也會遵行這個定律。這種推理方法就稱之為歸納法。

歸納法可以說是一個很根本的科學方法，如果歸納法不值得信賴，科學就不值得信賴了。然而，休莫卻認為，歸納法是值得懷疑的。現代哲學家波柏也依據休莫這個懷疑，而主張「科學永遠無法證實任何理論，科學與真理的距離是無限遙遠。」

宇宙規律會不會改變？

為什麼歸納法值得懷疑呢？休莫主張，當我們相信現有的現象或是法則在未來可以繼續使用時，便預設了這些現象或是法則不會隨時間改變，過去與未來會和現在一樣。當我們發現所觀察到的烏鴉都是黑色時，我們可以推測所有烏鴉都是黑色的。為什麼呢？因為我們相信，「在自然界中，事物的本性不會隨著時間改變，而類似的事物會具備有類似的共同性質。」這樣的預設稱之為「自然齊一律」（The uniformity of nature's laws）。

在我們的觀察中，由於太陽每天從東邊升起，我們就推理，它明天依舊會從東邊升起。從物理法則來看，目前這個宇宙一切物質都遵行愛因斯坦的 $E = MC^2$ 法則（能量＝物體質量乘以光速的平方），於是我們便推理出，明天這個法則依然適用。然而，我們有什麼理由相信這樣的自然齊一律呢？為什麼宇宙中的規律不會改變？如果宇宙中的所有法則都是很微量的逐漸在改變，自然齊一律就會是錯的，而且，我們也很難找到什麼理由來主張這些法則永遠不會改變。

因此，歸納法所預設的自然齊一律本身只是一個假設，沒有任何證據顯示其必然為真。所以，休莫認為，歸納法是值得懷疑的。休莫的懷疑主要仍然是依據經驗主義的思考結果，既然一切知識來自於經驗，而我們對未來事物並沒有任何觀察經驗，在這種情況下，怎麼可能獲得尚未被觀察事物的知識呢？自然齊一律其實是個無法被經驗所驗證的法則，我們如何能夠依賴它？

當然，雖然值得懷疑，但至少依據目前觀察所得，它還是有相當的可信度。我們相信歸納法和自然齊一律到目前為止是沒有問題的，有問題的或許是經驗主義的要求過於苛刻。

然而，由懷疑論者們的深度反思，我們可以看見其不穩定的基礎，一旦在觀察證據上有任何新發現，或是有新思潮可以挑戰歸納法與自然齊一律時，我們的思考就比較能有快速改變的彈性，隨時準備接受任何重大的觀念轉變。如果這一天來臨，表示人類知識將有突破性的進展，開闢另一片新的思想疆域。

第 6 篇

其他哲學領域

涉獵部分
?
?
?
?
詳細介紹部分
人生哲學
形上學
倫理學
知識論
社會哲學
政治哲學
美學

哲學領域

簡略介紹部分

61 邏輯與批判性思考

自從古希臘哲學家亞里斯多德以來，哲學家們發現人類習慣的推理方式，可以從其錯誤率區分成兩種：有可能會錯的和絕對不會錯的。而絕對不會錯的推理方式就稱之為邏輯推理。

有效推理與符號邏輯

這裡所說的對錯並非針對結論的對錯，不是只要依據邏輯推理，得到的結論一定是正確的。目前沒有任何思考方法（包括科學方法）可以保證這點。這裡所說的對錯僅是針對推理過程。因此為了避免誤解，哲學家們不再稱這種邏輯推理為「正確推理」，而稱其為「有效推理」。有效推理就是符合邏輯的推理，即一般說的邏輯推理。這種推理雖然不保證推出的結論一定是正確的，但可以保證：「如果依據的前提是正確的，經由有效推理，結論一定是正確的。」這就是其價值所在。反過來說，所有不屬於有效推理的推理方式都是無效推理。無效推理無法保證從正確的前提一定可以推出正確的結論，當然，也不能保證可以推出錯誤的結論。

哲學家們把各種常見的邏輯推理方法找出來，形成基本推理規則，只要熟記這些推理規則，就可以肯定某些推理是有效的。如此一來，當我們看見一個有效推理時，只要認同這個推理所依據的前提，就可以放心接受其結論。

舉例來說，假設我們知道如下事實：「如果發明家法案通過，小王就決定要去當發明家。」依據這個前提，下列哪一個（些）推理是有效推理呢？也就是說，如果這個前提是正確的，下面哪一個（些）句子保證也是正確的？

(1)如果小王決定要去當發明家，那就表示發明家法案通過了。

(2)如果小王沒有決定要去當發明家，那就表示發明家法案沒通過。

(3)如果發明家法案沒通過，小王就不會決定要去當發明家。

(4)發明家法案通過和小王決定去當發明家，兩者必然同時成立或同時不成立。

(5)如果發明家法案被擱置（並非通過也並非不通過），那小王也會延後決定是否要當發明家。

想出答案了嗎？在這五個答案中，只有(2)是正確答案，其他都不是。從邏輯的形式符號來說，我們可以把前提用「P→Q」來表達。（「P」代表「發明家法案通過。」而「Q」代表「小王決定要當發明家。」「→」代表「如果……，則……。」）那麼，答案分別是：

(1) Q→P

(2) ~Q→~P（「~」代表「非」）

(3) ~P→~Q

(4) (P∧Q)∨(~P∧~Q)（「∧」代表「且」；「∨」代表「或」）

(5) R→S（「R」代表「發明家法案被擱置。」「S」代表「小王延後決定是否要當發明家。」）

這些符號化之後的表達方式，對未曾學過符號邏輯的人來說會很困擾，反而更難掌握。還不如看中文慢慢去想。但對熟悉符號邏輯的人來說，則是一目了然，一看就知道（而且非常確定）只有(2)是正確答案，其他都是無效推理。

這些都有邏輯公式可供參考，學好邏輯之後，在日常生活中便可迅速掌握說話者的邏輯結構，在哲學上也能瞭解什麼樣的推理是值得信賴的。

辨識似是而非的推理與懷疑態度

另一種跟邏輯息息相關的思考能力稱之為「批判性思考」。這是採用一種比平時更為嚴格的眼光，檢視各種想法或是理論，並且經常性的對各種看似正確的想法提出質疑。相對於邏輯思考是讓我們確定推理的正確性（有效性）之外，批判性思考則是找出推理與各種想法的錯處以及問題所在，進而提升思考的準確度與可信度。有時批判性思考也被認為是邏輯的一部分，因為在學習邏輯的時候，當我們知道某些推理是有效推理的同時，也會知道某些推理是似是而非的推理，而這種辨識似是而非推理的能力就是批判性思考中一項很重要的能力。所以，邏輯與批判性思考常常是相輔相成的。

在哲學領域，邏輯通常針對的是符號邏輯，也就是形式化後的符號計算，常常不去管到底推理的內容是什麼。但是，批判性思考主要針對日常生活中，各種實際例子在操作，這是兩者最大的不同。

批判性思考最重要的態度就是懷疑。對於各種想法，不輕易相信，盡可能的去質疑。這種質疑包含：任何思考是否還有問題？任何對問題的解決方案是否已經是最好的？抱持這種態度，在日常生活中可以儘量避免錯誤推理發生；在問題解決上，可以不斷尋找更好的辦法（有時廣義的批判性思考還包含產生新觀點的創造性思考）；而在哲學思考上，可以不斷追問知識的根源，讓我們不輕易棲息在某一個理論中，而能不斷跳脫舊框架，尋找更合理的新觀點（包含了多面向的思考方式）。這也是智慧提升的重要過程。

不過，如果把這種懷疑態度用在做人處事方面，一定會不斷得罪人，因為沒有人喜歡常常被懷疑。當然，我們也不能毫不保留的相信別人，這樣一定會有被騙的時候。因此，在日常生活的應用上需要掌握一些手法來調和兩者。最好只針對想法，而不要針對人。雖然想法總是人說的，但只要不因為某人的某個想法有問題，就去否定一個人，比較不易導致嚴重問題。事實上，每個人總會在某些情況下製造出愚蠢的想法，無論是發現自己或是別人有這類想法，修正就好，可以一笑置之，不用在意，更不須因此否定自己或是嘲笑別人。

邏輯謬誤鑑識

我們通常會把在日常生活或甚至哲學推理中，容易出現的似是而非的推理做分類，然後記得它們的特徵。這種似是而非的推理稱之為「謬誤」。每個謬誤都有可以辨識的特點，當我們自己或別人做一段推理時，如果出現這些特徵，就可以迅速發現謬誤。

舉例來說，有個人去拜訪一位養貓的朋友，看見貓咪喜歡被主人抱在懷裡。他非常羨慕，也希望可以這樣抱著貓咪，於是決定養一隻貓。

引導他做這個決定的，是一個推理：「朋友的貓喜歡被抱，所以所有的貓都喜歡被抱。」依據這個推理得出「如果我也有一隻貓，我就可以常常抱著貓了。」這種推理型態在日常生活中經常出現，稱為「以偏概全的謬誤」。這個謬誤的特徵是，用少數個例（朋友的貓）來概括全體（所有的貓）。

當我們熟記各種謬誤的特徵，並且在日常生活中經常性的發現謬誤，我們察覺謬誤的能力（俗稱的偵錯神經）就會變得更敏銳，幫助我們不落入錯誤思考的陷阱。

62 科學哲學

是否有人曾經仰望天空，思考著，宇宙有沒有個盡頭？如果有，是在哪裡？是什麼樣子？如果我們可以走到宇宙的盡頭，再往前跨一步，會發生什麼事？

有科學知識基礎的哲學思考

這些問題跟我們的日常生活幾乎一點關係都沒有，但隨意想想都令人感到興奮。如果你和我一樣對此有興趣，就讓我們來想像吧！例如，我可以想像宇宙的邊界連接另一個奇妙的宇宙；或是當我伸手觸碰邊界時，會像撞牆一般被阻隔住；或者當我觸碰邊界的一瞬間，會有神仙姊姊出現並放煙火，恭喜我是碰觸宇宙邊界的第一百萬人。

想這種問題雖然有趣，卻很容易落入空想。由於人類在天文知識方面已經累積了相當程度的線索，思考此類問題，如果不能依據已經有的（相當程度可信賴的）知識，即使設想與論證都很合理，還是會落入空談。

當古人在思考這些問題時，因為尚缺乏各種經驗知識，所以任何一種想像只要合理，都是有價值的。到了現代，由於我們已經有了更具說服力的科學知識基礎，如果哲學思考違背這些知識，除非能在其他方面有更強的說明力來彌補合理性，否則這樣的哲學會變得沒有知識價值（或許會有文學、娛樂或是勵志價值）。

在哲學領域中，許多哲學家同時具備完整的科學訓練，依據不同科學領域已有的知識基礎，運用思考（有時也應用實驗方法）繼續往前追問解答。

著名問題與當今潮流

針對科學方法的研究，有所謂的科學哲學。著名的問題像是檢證方面的問題。例如，一隻黑色的烏鴉，可以用來支持「所有烏鴉是黑色的」這個理論。而「所有烏鴉是黑色的」和「所有非黑色的都不是烏鴉」，這兩句話在邏輯上是等同的（亦即，當其中一句是正確時，另一句就一定正確，反之亦然。）

然而，一個非黑色的非烏鴉（例如一枝黃色鉛筆）卻不能用來支持「所有烏鴉是黑色的」，但可以用來支持其邏輯等同句「所有非黑色的都不是烏鴉」。這是一個奇怪的現象，為什麼檢證上的支持與不支持，和邏輯背道而馳呢？裡面究竟有什麼問題？

另一個著名的問題是，假設我們定義一種顏色叫做X色，X色的意思是說，「在西元二〇五〇年之前，它是黑色的；但在西元二〇五〇年之後，它會變成白色。」當我們在現代（二〇五〇年之前）發現了很多黑烏鴉之後，我們得出「所有烏鴉是黑色的」，但也同時可以得出「所有烏鴉是X色的」。

一切證據可以同時用來支持這兩個理論。然而，這兩個理論不可能同時正確，因為它們互相衝突。在這種情況下，我們有什麼好理由要選擇一個而放棄另一個呢？

這個問題顯示，在科學實驗中，我們認為某些證據支持某個理論時，還牽涉到是在什麼樣的定義脈絡下（就像目前對顏色的習慣性定義方式），如果改變不同脈絡（就像用X色的方式來定義顏色），即使依據相同的實驗證據，得出的結論就會不同。除非我們可以主張某些定義是不當的，或是某些解讀的脈絡才是正確的，但理由是什麼？為什麼一定要這樣定義而不可以那樣定義？

如果找不到確定性的理由，就只能說，獲得科學證明的各種所謂的「事實」，只是針對我們習慣使用的理解脈絡有效。在這種情況下，就不能說科學事實屬於客觀事實了。因為它只是相對於某個理解脈絡來說是事實，但我們又無法先證明這個理解脈絡是正確的。該如何面對這樣的質疑呢？

除了這種反思科學方法的科學哲學之外，許多哲學家具備各種科學知識，而在該科學領域中做哲學性思考，像是物理學的哲學、心理學的哲學、生物哲學、意識與認知哲學。依據當代最前端的科學研究為基礎，以思考與論證為方法，繼續探索各種自然現象，嘗試揭發其本體真面目。這也是當代哲學界的主要潮流之一。

63 社會正義

針對政府社會政策的規劃與執行，我們經常碰見許多爭議的問題。例如，當某些地區被規劃為公園用途時，如果有住戶不願配合，公權力是否可以用來強制拆除他們的住宅？強制拆除使得原本的公園計劃可以實施，這將會讓多數人獲得較大的利益，但是對於不願意搬遷的住戶來說，卻是一種傷害。政府是否可以為了多數人的福祉而傷害少數人的利益呢？

另外，當政府決定要全額提供中小學生的營養午餐，以及實施十二年國民教育免學費政策時，是否應該把富人排除在外？許多人認為，這種政策本身的目的是在照顧弱勢，但若連富人也一起算在內，與政策的原來目的不合，而且還增加政府開支，所以是不適當的作法。

從這兩個例子來看，如果依據效益主義的主張，用最多數人的最大幸福來計算，兩個政策都是好的政策。但是轉換不同的角度，這樣的政策卻是不公平的。用另一個常使用的概念來說則是不正義的。為什麼它們可能被歸類為不正義？除了感覺之外，是不是有什麼標準可以判斷一個政策是否正義？

判斷正義的思考法：無知之幕

當代哲學家羅爾斯（John Rawls, 1921-2002）主張可以用一種「無知之幕」（veil of ignorance）的思考法來判定一件事情是否符合正義。也就是在思考任何決策時，先不考慮個人的身分、條件、能力、種族、國籍、年齡、性別、價值觀等等各種資訊，像是放入幕中看不見，而對自己的特殊性形成無知的狀態。在這種無知的狀態下，我們就自然能夠做出正義的判斷。

舉例來說，過去政府設立了十八％的公務員優惠存款。這等於是讓特定族群（公務員）獲得額外利益，卻由屬於全國人民的國庫來支出這筆錢，由於小公務員存款不多，受惠相對有限，受惠最大的就是制定政策的政府高官們。因此，這個措施就會被質疑是自利下的產物。

先不管究竟誰受惠，讓我們用無知之幕的角度來思考，如果當年制定這項政策的高官們，在不考慮自己是否會受惠的情況下（也就是不考慮自己的特定職業身分，但可以考慮自己是一個國民），是否仍會制定這項政策呢？這裡要問的是，當年制定這項政策的理由何在？如果除了嘉惠特定族群之外，沒有特別的好理由，在政策制定者個人也「正好」屬於受惠族群的情況下，我們傾向認為依據無知之幕的思考，他們不會推出這個政策，那麼這就是一個不正義的政策。

反過來說，如果有其他更好的理由，而且在不考慮自己是否是受惠者的情況下一樣會去執行，那麼這個政策就比較可能具有正義性。

人天生具有判定正義的能力

換個例子來說，當一個核電廠廠長主張不該廢除核電廠時，我們不能只由他的身分推測，「他是因為想繼續當廠長而這麼主張。」而必須看他在不考慮自己是否為廠長（無知之幕）的思考下，是否還會做相同的主張。例如，他的理由是「核電廠是最經濟且低汙染的發電廠。」而且他還相信「核廢料問題可以獲得解決。」另外，他也相信「核電廠真的很安全。」如果這真是他的主要理由，即使他不是核電廠廠長，但身為一個國民，無論住在哪裡、是否富有，都會主張不要廢除核電廠。基於這些理由所制定的政策，就可以算是一個公平正義的政策了。

簡單的說，從羅爾斯的主張來看，人天生具有判定正義與否的能力，當我們不考慮個人私心的時候，自然而然可以知道怎樣的政策符合正義。而無知之幕的用意就在於讓我們避開偏向個人利益的思路，而正義的觀點自然浮現。

如果真是如此，這表示要立一個公平公正的法，要執行一個符合正義的政策，都不是件難事。但是，為什麼大多數國家通常都會出現一些不公平、不正義的政策呢？在真實世界中不難發現，道德與正義往往不是理論的問題。雖然理論建構完善並不容易，但更難的是人們是否願意做個有道德的人，以及當權者是否願意制定與執行符合正義的政策。社會更大的問題其實在於人的私心。

哲學思考便可以在此轉向：究竟怎樣的一種社會型態、社會教育、政治制度，能夠讓人更願意做個有德之士，以及有正義感的政治人物？

當然，羅爾斯的方法並非所有情況都適用。以本篇一開始的兩個例子來說，是否可以強拆釘子戶？以及某些社會福利是否可以排富？即使站在無知之幕的角度思考，大概也難以獲得共識。在這種情況下，就不易判斷是否符合正義了。

64 尋找完美的政治與社會制度

現代可說是民主時代。非民主國家大多遭受歧視，人們似乎也認為這是理所當然的。民主，成為世人心目中唯一正確的政治制度。其實，早在兩千多年前，古希臘時期就已經出現過類似的民主制度，大哲學家柏拉圖卻反對這個制度。他認為，民主制度是眾愚政治，由一群知識與品德程度都不高的人來治理國家，導致被煽動的群眾判處他的老師蘇格拉底死刑。

觀看台灣政治現狀，我們常常不滿意許多被選出來的政治人物，認為他們若非能力不足，便是品德不好。然而，他們常常具有群眾魅力，受到民眾的愛戴。根據選舉的規則，票數多的候選人就當選，而選民的抉擇往往受到政治人物暗地安排好的形象宣傳，或是高明自我行銷的影響，更糟的甚至是受到小利益的誘惑。在這種機制運作下，我們還能期待政治人物有公平正義的大作為嗎？這的確是民主政治的問題所在。民主政治不僅不完美，缺點還非常多，而且很嚴重。

君主制、貴族制、民主制

柏拉圖寫了一本《理想國》，希望藉此擘劃出一個理想的國度。這個理想國在許多方面，有點類似傳說中的中國古代堯舜的明君政治。明君政治也是孔子心目中的理想制度。當掌握大權的君王是無私、睿智且賢能的，國家一定會朝向最好的方向發展。在當代，新加坡與不丹王國都比較類似這種制度，其社會狀態有很多民主國家所沒有的優點。分析一個制度必須觀看全面，明君政治的確很好，然而問題是這個「明君」怎麼出現？從中國歷史上來看，明君的出現是要看運氣的。當上一任明君（不管用什麼方法）傳給下一任君主時，沒人能保證下一任會是明君，就算剛開始是，掌握大權之後會不會就變了呢？沒人能夠預料。只要出現一個暴君或是昏君，整個社會就徹底毀了。所以為了預防萬一，大權不能全部讓一個人攬在身上，必須有制衡的力量。可以用什麼力量來制衡呢？

在人類歷史上，出現過所謂的貴族制度，由幾位貴族共同掌握大權，互相制衡。但是從歷史發展來看，這遇到問題更多，貴族互利時，剝削人民；敵對時，受苦的也是人民。由於這種制度並不好，因此我們把最後的大權放到全體人民身上，形成了民主制度。在民主制度中，常常無法選出真正好的政治人物、行政沒有效率、私心政客滿街跑、貪腐問題難以解決，但有一個很大的好處，就是可以防止惡君當道的最糟局面。於是，我們也就得過且過了。

在人類曾經發明的各種制度中，君主制、貴族制、民主制都有其優缺點。就像亞里斯多德指出的，君主制會變成獨裁制，隨自己高興做事情；貴族制容易形成寡頭制，少數掌權者爭權奪利導致國家混亂；民主制則容易變成眾愚制度，讓政客們煽風點火引導人民走向毫無希望的未來。

這些制度都有缺點，究竟哪一個比較好，其實是有爭議的。雖然當今世人認同民主政治，但不可否認它的確有很大的缺陷。問題的關鍵仍然在於人們充滿私心，一旦關係到個人利益，往往不擇手段。為了解決私心導致的各種問題，我們利用社會制度來彌補缺陷。

共產主義與資本主義

在社會制度的思考上，共產主義似乎可以徹底解決人的私心問題。既然所有財產都公有，就不會去貪汙，也不會去偷、去搶了。這是否就讓私心無處發揮，而出現理想國度了呢？這個制度解決了部分問題，卻也帶來了新的問題。人們的私心轉變成一種不願努力的態度，既然做多做少都沒差別，又何必多做呢？另外，私心一樣會在制度的夾縫中滲透，腐蝕著整體社會。有權者偷偷囊括一些公有物成為隱藏的私有財產，而成為特權階級。共產主義在人類社會的實施狀況並不理想，也許是不適合人類社會，也可能是政策不夠周全。目前不清楚該如何修正。

資本主義則是走相反方向，讓私心有發揮的空間，每個人為了追求個人利益，而造就全體的利益。這個制度促使人類社會的經濟繁榮，物質生活提升，同時也帶來其他隱憂。由於工廠不能停止開發新產品，否則會導致開發人員大量失業，消費者需求降低，造成公司倒閉。因此，必須用各種手法強迫（讓你不升級就變廢機）或誘惑大眾（不買新產品就是落伍、不時尚）不斷消費、購買新產品，甚至故意開發無法長久使用的商品。眾人在不知不覺中被操控，迷失在物質慾望的追求中，誤以為生活品質改善，收入提高，事實上所需花費也大幅攀升，壓力反而變得更沉重。

這種社會現象落入了無法停止的循環窘境，不停止就必須不斷開發，開發過度導致環境遭受破壞；錢大多賺進資本家手中，造成貧富差距持續擴大；為了擠進少數高層社群，人與人之間的競爭更加激烈。全體人民的快樂程度不升反降，距離理想社會也愈來愈遙遠了。

有什麼更好的制度可以打造一個完美社會？或許，這必須與整體教育政策互相配合，只要有優秀的國民，自然會有優質的社會與國家。那麼，教育制度又該怎麼改革呢？目前我們尚未找到完善的制度，有待新一代的哲學家們，繼續朝向思維的新世界探索。

65 價值相對主義對人生觀的影響

在倫理學的篇章中，我們討論過道德相對主義，主張道德沒有一個客觀性與絕對性，一切道德的善惡都取決於其文化社群。這一篇要談類似的觀念，叫做價值相對主義，其主張「任何事物的好壞沒有一個客觀標準，所有價值的好壞判斷，都取決於其文化社群。」這樣的觀念對人生有什麼影響呢？先來看一則大家耳熟能詳的故事。

一個老太太有兩個兒子，大兒子賣扇子，二兒子賣雨傘。下雨時，老太太憂心天涼大兒子的扇子賣不出去；出大太陽時，又擔心二兒子的傘沒人買。於是她整天過著憂心的生活，很不快樂。有一天，有個很有智慧的人遇見老太太，於是他跟老太太說了一番話，老太太恍然大悟。從此以後，每當下雨天，老太太就很開心二兒子的傘生意好；出大太陽時，就高興大兒子的扇子賣的好。於是一家人過著快樂的生活。

從故事中你看到了什麼？

看到這個故事，有人覺得老太太有點蠢，這種事情的差別再明顯不過了，何須智者提醒呢？也就是說，這則故事究竟好或是不好，也是因人而異的，有人可以從中看見讓人生喜悅的智慧，有人只看見一個蠢人的故事。

那麼，這則故事有什麼智慧呢？如果把一切好壞的判斷都套用上，這就是一個價值相對的主張：「事物本身無所謂好壞，端看從什麼角度去看它。」抱持這種主張有很大的好處，可以避免許多因執著而導致的不快樂。但是，這是正確的主張嗎？

我們可以先問一個問題，任何一件事物的好壞有客觀性與絕對性嗎？例如，大家都不喜歡掉錢、不喜歡麻煩事、不喜歡遇見壞人。為什麼這些事情是不好的？對大多數人而言答案應該是：「這些事情讓我們不快樂。」

如果我們可以用一種智慧的眼光來看待這些事情，發現喜悅的一面，因而獲得快樂，它們是否就變成好事了？換句話說，「讓我們不快樂」的理由無法使這些事情，具有一個「它們不好」的客觀性。如果無法找到一個客觀基礎來宣稱它們是壞事，就無法說，這些事情一定是不好的。

我們可以考慮接受中國古代哲學家老子所傳下的人生智慧：價值相對主義。事情本身並無好壞之別，端看你從什麼角度去看它。習慣從壞處著眼，就過著生氣憤怒的人生；想過一個愉快的人生，就學習事事從好處去看。

是自我欺騙，還是正向思考？

兩個多年不見的好朋友相遇。A抱怨自己每天都在忙，在痛苦中度過，沒人幫忙他。B說自己每天都在靈修，在快樂中成長，身旁的人都是自己的助力。A好羨慕的詢問B的生活。B說，每天忙碌的準備三餐、上班、帶小孩，她必須不斷提醒自己要放鬆，不要煩躁，心境愈來愈能保持平靜，也愈來愈常微笑。在公司遇到討厭的上司時，會感到很生氣，但要讓自己放下評判，不受別人情緒影響，甚至主動去詢問壞脾氣的上司是否有需要幫忙的地方。久而久之，這種靈修方式讓周圍的人愈來愈喜歡跟她說話，對她微笑。這也成為靈修的助力，讓她更容易做到這些事情。

A聽了恍然大悟，「原來一樣的生活，只要用不同的態度面對，就可以有完全不同的結果。」這就是價值相對主義所支持的生活智慧。

任何事情都有好的一面。從某個角度去看，任何事情都可以是好事。如果我們常常轉換看世界的眼光，朝向好的一面想（也就是所謂的正向思考），人生自然會快樂很多。

有人會問，這種思考與生活方式不是自己在騙自己嗎？其實不然，除非不同意價值相對主義，否則既然事情好壞由我們的觀點決定，又何必選擇不快樂的觀點呢？不管是利己主義、享樂主義，或甚至是幸福論等等，似乎都匯流至這條人生大河，何樂不為？

當然，我們也可以反對價值相對主義，那麼就找出決定事物好壞的客觀標準吧！這將會和尋找道德客觀標準一樣，是項艱難的任務。在找到之前，何不讓自己提升智慧（訓練可以時時轉換不同的角度看世界），來過過輕鬆愜意的愉悅人生呢？

66 美學：人審美的標準是什麼？

上一篇討論的各種價值觀是針對人生哲學方面，轉換看事情的不同觀點，產生不同的好壞評價。這種價值衡量的情況是否也可以應用在對人與物品的觀感上？這種價值觀屬於審美的層次，涉及決定一個事物是美或是醜的機制是什麼？有沒有一個客觀標準？

美感從何而來？

老子認為「美」是相對的。在《道德經》第二章中，他說：「天下皆知美之為美，斯惡也。」意思是說，當社會上普遍流傳關於美的標準之後，就產生了醜的觀念。」也就是說，如果沒有關於美的標準，就不會有任何東西是醜陋的，兩者相依相存。

然而，真是如此嗎？「美」的確看起來沒有一個絕對的標準。當一群人前往美術館欣賞畫作，每個人喜歡的作品不太一樣，有人喜歡浪漫派，有人欣賞印象派或是寫實派，但是似乎也並非完全沒有一個標準。如果讓人們投票選出自己最喜歡的畫作，得票數一定不會平均分配，而是多數的人將會選出很少數的畫。而且只要讓我們看看照片，大略可以推測出哪些畫作容易被選上。從這個結果來看，人類的審美觀似乎還是有某種程度的客觀性存在。

於是，哲學家開始思索，「美感」究竟是怎麼來的？為什麼會認為一個東西好看？又為什麼認為一個物品有價值？新的東西通常比舊的東西更美也更有價值。不過，有時舊的東西卻更昂貴，為什麼呢？台灣人覺得美味的臭豆腐對許多西方人來說卻難以接受，這種品味的差異究竟如何產生的？諸如此類關於審美的問題，形成了哲學上的「美學」領域。

中世紀哲學家多瑪斯提出幾個關於美的客觀原則：完整、和諧與明晰。他認為只要遵循這些原則的事物，就是美的。後來人們卻發現，這些原則是可以打破的，有些建築或是繪畫不明晰、不和諧，甚至還不完整，但看起來卻更美。也就是說，仍有其他因素在主導審美觀。目前尚無法將它們完全找出來，形成一個決定美醜的計算公式，而且不同社會、文化，甚至人與人之間的觀點也未必相同。

從演化看女性美與男性美

在對於人的審美觀方面，有一個很有趣的討論。演化生物學家一直感到很疑惑的一個問題是：「為什麼男人會這麼重視女人長相的美醜呢？」這在演化上有什麼意義嗎？如果有的話，就可以從演化的角度給予審美觀一個客觀標準了。

從演化論的角度來看，一個特質之所以會被保留下來，表示其對生存以及基因的延續是有優勢的。那麼，男人的審美觀有何演化上的優勢呢？如果無論女人的美醜都對生存與基因延續沒有差別的話，對女人美醜的挑剔不就反而成了不利保留基因的特質。因為，這樣的男人可能在得不到美女的情況下，失去擁有後代的機會，其基因就會逐漸被淘汰掉。在這種發展下，現代男人應該都屬於不會挑剔美醜的人才對，但事實並非如此。因此，基於演化論的觀點，這表示女人的美醜應該會影響生存或是保留基因。

某些科學家提出幾個有趣的觀點。例如，一個美女至少具有臉形的對稱性與均衡性，而臉部對稱與均衡者較為健康，也較容易生出後代並且撫養成人，讓基因繼續繁衍。所以，如果古代男人可以得到這樣的女人，並且生出後代，則此男人的基因也較容易被保留下來。

另外，幾個吸引人的特徵也有類似的解釋。例如，胸大有利於哺乳，細腰與翹臀的黃金比例有利於生產，這些都屬於讓男人迷戀的女性特徵。當一個男人找到這樣的配偶之後，容易讓自己的基因保留下來，同時也保留了這種天生對女性美醜的價值觀。

對女人來說，女人對男人的審美觀較多偏向於高大強壯，或是聰明有智慧，這些正好是古代男人生存的最大優勢。找到這樣的男人，容易留下自己的後代，也同時保留了這樣的基因。反過來說，如果有一天，有個女人突變出一個基因而喜歡弱小又愚笨的男人，由於這樣的男人難以在古代生存與保護他們的後代，這個基因就會被天擇所淘汰。

從上面的說明來看，我們似乎從演化理論中找到一個好的審美客觀基礎。然而，只要再仔細思考，這個演化理論的觀點會出現許多難以解釋的地方。首先，「對稱與均衡」對女性美的說明是不足的，男人更重視的不是對稱的程度，也不是均衡。另有科學家依據許多人臉形各方面的比例（五官大小與距離）造出一個最對稱均衡（取平均數）的臉形，它卻不是最具吸引力的。反而是眼睛要再大一點，睫毛再長一點，嘴唇稍厚一點，鼻子再小一點但挺一點，加上一個較清瘦的瓜子臉，而這些特質很難跟任何健康因素扯上關聯，也無從判斷其究竟有什麼生存優勢。此外，眾人皆愛的白晰皮膚，更可能是一個不利健康的因素。

美醜、好壞、善惡的客觀價值基礎

或許，人的審美觀是複雜因素的組合，除了演化的天性，還包含有社會文化的差異。而且，即使是演化來的也未必全部都有利生存與繁衍，也可能是演化上的巧合所造成。這個可能性也讓演化論趨向「難以被否證」的窘境。而且，到了現代，我們發現人們的審美角度也愈來愈沒有一致性，就像許多女人喜歡長的好看、斯文，甚至瘦弱的花美男。

然而，就算包含善惡、好壞、美醜等價值思考都能在人性中找到一個好的客觀基礎，這樣的客觀性也僅適用於人類。如果宇宙中存在有其他星球的人，他們的價值觀一定會和我們有相當程度的不同。這應是無庸置疑的，但會不會也有類似的地方呢？

如果有一天，我們可以瞭解數十個或是數百個完全不同的外星文化，能否在所有各自發展且幾乎沒有生理共通性的智慧生物中，找到價值觀的共通性呢？如果真的有，表示宇宙中或許有真正客觀的價值標準，那會是什麼？其依據又是什麼？

即使在尚未發現任何外星文化的情況下，也可以嘗試去思考一些我們認為幾乎一定成立的價值原則，看看是否在某種外星文明的發展下會成為例外。例如，是否不可能會有任何一個文明社會把「殺人為樂」當作一件好事？會有某種特殊發展下的外星文化產生例外嗎？如果沒有的話，我們是否就可以據此建立宇宙中的客觀價值基礎？這應該是一個有趣的延伸思考問題。

67 結尾：求道的哲學

假如有一天，有個朋友告訴你：「在石碇大崙山上，有龍出沒。這隻龍很特別，他會出現在一個很難到達的荒涼地點，每次都現身大約三秒鐘而已，只在月圓時有可能出現，但不保證一定。如果你看見他，就可以跟他許願，他很有可能（但也不保證）會協助你完成願望。」你相信嗎？

如果你這樣就相信了，表示你是一個很不理性的人，怎麼會相信這種荒唐事呢？或許也代表著你天性浪漫，對一切資訊都很隨性的接收。這樣的態度很可能讓你吸收無數的錯誤訊息，生活中充滿矛盾與衝突。當然，如果你達到道家隨遇而安、順其自然的生命境界，那麼也沒什麼關係。

可以想見，多數人是不信的。很多理由讓我們不相信有這種事。而且從科學與理性的角度思考，這幾乎是不可能的。如果真有這種事情，我們也沒有任何好理由解釋為什麼。相反的，我們卻有很好的理由主張這是謠傳。如果你這麼想，那你是個理性且具有科學精神的人。

然而，如果這樣的推理就讓你滿足了，不會想要進一步思考其可能性，那麼你缺乏一種開放的胸襟，缺乏一種對未知世界的好奇心。這種態度會阻止你冒一下思想錯誤的風險，去探索一個說不定會扭轉乾坤的偉大發現。

哲學家們對大多數事物保持懷疑，對於看似理所當然的事情，不輕易做出肯定的結論，而對於看起來非常荒謬的事情，也不輕易去否定，僅從各種角度，衡量其可信度。如果一件事情值得探討，就找尋是否有其他讓我們更能相信這個傳說的理由。如果你具有科學探索能力，你可以要求證據。如果你的朋友可以拿出證據證明這隻龍的存在，例如有影像為證，而影像經過檢驗值得信賴。或是有龍的身體部分為證，經過化驗的確是一種未知生物的基因。我們或許就可以在科學的可信度範圍內相信這件事情。

如果沒有這麼好的證據，而你具有哲學思考能力，你可以要求一個好的理由。為什麼這件事情是有可能的呢？只要有一個好的理由，雖然其可信度沒有像科學證據這般強大，依然可以在某種程度上讓你保持樂觀其成的心態。這屬於一種哲學上的說服力。如果這些都沒有，怎麼辦？

你的朋友跟你說：「只要你願意暫時相信我，跟著我，依據我的指引前進，有點耐心等待，你就可以自己看見。這比任何證據都還更有價值。」

假設你的求知慾非常強烈，在理性衡量之後認為值得一試，你決定依據他的指示尋找。在經歷種種困難，你走過一座又一座毫無人跡的森林，就在身心俱疲、打算放棄的某個滿月夜晚，你終於看見尋覓已久的龍，而且許願成真。這時，不需要任何客觀證據，也不需要任何哲學理論，你知道這是一件事實，無論它聽起來多麼荒唐。

當你走下山，或許會想告訴別人你見到了什麼，別人卻只會把你當瘋子看待。除非你遇見一個和你一樣充滿求道精神的人，願意依循你的足跡，親自走一遭，去證實只有他才能擁有的「自我知識」。

這種「相信」的歷程，屬於神祕主義的求道過程。親身實踐與經歷，然後獲得真知。如同康德與許多哲學家認為，神的存在必須由體驗去把握，而不是理論的推理，也不是科學的證明。老子與佛陀認為，真道是無法用言語表達完全的。耶穌要我們跟隨他，經由他通往天國世界，而不是要我們閱讀與思考。孔子也要我們去實踐，跟隨內在的仁心。歷史上許多神祕主義者都只告訴我們如何實踐，以及他們獲得了什麼，但也無法透過語言的表達，讓我們到達和他們一樣對於某些事物的認知狀態，與產生一樣的相信感。

維根斯坦說：「對於無法用語言表達的，我們就保持沉默吧！」相對於理性思辨的哲學所能到達的各種思想世界來說，那是屬於另一種必須經由實踐才能抵達的心靈世界。或許，許多哲學問題的解答，僅存在於那個完全不同的世界中，必須由我們親自走一趟。只要到達了那個境界，我們自然能獲得答案，而且就算得到了答案，也無法和任何人分享。當然，這個部分也超出這本書能妥善討論的範圍了。

後記

經過本書的介紹，大家應該已經對哲學是什麼有個相當程度的瞭解。也大概瞭解了哲學的思考方式。甚至，如果認真思考各種問題與哲學理論的話，也會覺得把握了許多哲學家的思想精華，以及其思想中的各種優缺點。並且，或許開始想要嘗試以一個哲學思考者的角色，站上歷史的舞台。

然而，這裡面有個問題需要先釐清。本書所談的各種哲學家們的思想，其實大都是極度濃縮、簡化、甚至重組之後的產物。裡面究竟還保留了多少原來的智慧，其實很難計算。如果想要完整的瞭解一個大哲學家的思想，通常至少需要花費若干寒暑，沉浸於其浩瀚難解的著作，然後在整體的想法中，找到一條理解的通道。直到這個時候，我們才算真正走進這位大哲學家的思想花園，擷取其智慧的果實。

本書是一本哲學入門書。藉由這本書，希望大家可以發現對自己智慧成長有幫助的線索，並開始一段智慧的旅程。但千萬不要誤以為這就是哲學的全部，以及自古以來哲人們的思想就只是如此這般。雖然文中針對哲學家們的理論有許多批評，以及主張某些理論有其困難。這些批評或許都很合理，但是，絕大多數的批評也都屬於爭議中的問題。而且，也有可能是對哲學家們的誤解。

所以，如果針對任何問題感到有興趣，最好的方法則是再更深入的瞭解相關哲學理論。不要誤以為本書中的批評等於告訴你，這位哲學家的思想已經沒有再讀的價值。或許，當你再深入思考或深入閱讀之後，會有完全不同的見解。那麼，你的思想就開始超越這本書，走向另一個哲學思考的階段了。

在此就先預祝每一個踏上思想世界的探險者，在旅程中充滿驚奇的發現。

國家圖書館出版品預行編目資料

哲學課的逆襲：60堂探索人生意義、道德、世界與知識的思維課 / 冀劍制著. -- 初版. -- 臺北市：商周, 城邦文化出版：家庭傳媒城邦分公司發行, 2016.12
面；　公分

ISBN　978-986-477-154-7（平裝）

1. 哲學

100　　105022307

哲學課的逆襲

60堂探索人生意義、道德、世界與知識的思維課

作　　者／冀劍制
責任編輯／程鳳儀

版　　權／翁靜如、林心紅
行銷業務／林秀津、王瑜
總 經 理／彭之琬
發 行 人／何飛鵬
法律顧問／台英國際商務法律事務所　羅明通律師
出　　版／商周出版
城邦文化事業股份有限公司
台北市中山區民生東路二段141號9樓
電話：(02) 2500-7008　傳真：(02) 2500-7759
E-mail：bwp.service@cite.com.tw
發　　行／英屬蓋曼群島商家庭傳媒股份有限公司城邦分公司
台北市中山區民生東路二段141號2樓
書虫客服專線：(02)2500-7718；(02)2500-7719
24小時傳真專線：(02)2500-1990；(02)2500-1991
服務時間：週一至週五上午09:30-12:00；下午13:30-17:00
郵撥帳號：19863813　戶名：書虫股份有限公司
讀者服務信箱E-mail：service@readingclub.com.tw
城邦讀書花園www.cite.com.tw
香港發行所／城邦（香港）出版集團有限公司
香港灣仔駱克道193號東超商業中心1樓　E-mail：hkcite@biznetvigator.com
電話：(852) 25086231　傳真：(852) 25789337
馬新發行所／城邦（馬新）出版集團【Cite (M) Sdn. Bhd】
41, Jalan Radin Anum, Bandar Baru Sri Petaling,
57000 Kuala Lumpur, Malaysia.
電話：(603) 90578822　傳真：(603) 90576622
E-mail：cite@cite.com.my

封面設計／徐璽工作室　　**版型設計・內文排版**／唯翔工作室
印　　刷／韋懋實業有限公司
經 銷 商／聯合發行股份有限公司　電話：(02) 2917-8022　傳真：(02) 2911-0053
地址：新北市新店區寶橋路235巷6弄6號2樓

■2016年12月29日初版1刷
■2022年11月18日初版4.4刷

Printed in Taiwan

定價／350元

　ISBN　978-986-477-154-7